U0966116

贝克知识丛书

GRIECHISCHE GESCHICHTE
Von den Anfängen bis zum Hellenismus

希腊史

从开端至希腊化时代

Detlef Lotze
[德]德特勒夫·洛策 著
曾 悦 译

上海三联书店

本书简要介绍了从米诺斯文明至诸希腊化国家被并入罗马帝国版图这段时期的希腊历史。叙述之路以米诺斯王宫和迈锡尼城堡为起点，穿过了黑暗的世纪，一直通往希腊城邦国家的开端，以及希腊文化在地中海地区的传播。读者将领略僭主政治、贵族政治和民主政治等统治形式，以及雅典和斯巴达这两大对手，它们之间的矛盾只因希波战争而短暂搁置。伯罗奔尼撒战争、马其顿的崛起、亚历山大帝国的建立以及最后的继业者战争共同构成这部激动人心的小书中的其他核心内容。

德特勒夫·洛策生于1930年，1996年担任耶拿弗里德里希·席勒大学古代史教授，为埃尔福特科学院及德国考古研究院正式成员，其研究重点是古风时代和古典时代希腊的社会及宪政史。

目　录

第一章
早期背景

希腊人的祖先

今天的希腊地区自公元前 7000 年起就已有人居住，然而直到一批使用早期希腊语的人群在这里定居后，希腊历史才可以说是真正地开始了。希腊语属于印欧语系，其发源地并非地中海沿岸，而是来源于一处更北一些的地区（该地确切的名称仍存在争议）。希腊先民所说的语言通常被笼统地称为爱琴语（ägäische Substrat）。以同类语言命名的地名也出现在了小亚细亚（Kleinasien）和克里特岛（Kreta）。印欧移民和当地的原住民融合，从而诞生了希腊民族。这里需要注意的是，这批族群只是不断变化中的希腊民族的最初形态。这么说是因为一方面有使用相近语言的族群曾多次迁入希腊，另一方面则是此后一直有非希腊民族迁入希腊人已经居住了数个世纪的广阔的地中海和黑海地区。现代希腊民族同时还深受 7 世纪斯拉夫人的大规模迁徙和数个世纪之久的土耳其统治的影响。若是考虑到这一点，对希腊民族及其起源的问题便不会那么绝对了。

青铜时代晚期灿烂的文明（在伯罗奔尼撒半岛发掘出重要的遗迹后，这一时期也被称作迈锡尼时期）是否已经由希腊人所主导，这一问题事关重大。在这个问题上起到关键性作用的是对大批泥板残片上用线形文字 B 写成的经济和行政管理文本的破译工作，多处聚居点遗址中都出土了这类泥板，其中大部分发掘自克里特岛北部的皮洛斯（Pylos）。这些泥板之所以被保存至今，是因为那里的希腊人聚居区在公元前 13 世纪（克里特岛上可能是在公元前 14 世纪）遭到了毁灭，而泥板却被大火烧得更加坚硬。虽然这种脱胎于象形文字的音节文字源于克里特岛，但 1952 年麦克尔 · 文屈斯（Michael Ventris）和约翰 · 查德威克（John Chadwick）的首次研究证实了这种被复原的语言是希腊语的一种早期形式。这一观点没能说服少数学者。事实上，对该语言的解读并不尽如人意。因为这些文本常常含义模糊，甚至完全不知所云，音节文字的属性也与希腊语不符，然而使用这门语言的人完全能理解文本的含义。此外，该门语言可能还包含非希腊语词汇。从语言学的角度看，已经被解读出来的文本语言的语法是能够被证实为希腊语法的。

从发掘情况看，泥板只能提供大概信息，迈锡尼时期的希腊人可能在数代人之前就定居在了克里特岛上。如果迈锡尼文明末期的希腊大陆使用的是希腊语，那么就可以推断出整个时期，即至少从公元前 17 世纪开始，这里使用的就是希腊语。因此部分研究者认为一批说希腊语的族群在这一时期首次迁入了该地区。然而抛开看似突然的繁荣发展不谈，这一时期与前一个青铜时代中期之间并没有出现显著的断层。准确说来，公元前三千纪末期文明的毁灭使得人们猜测有外来民族入侵，这一过程可能与印欧人迁入小亚细亚是同步进行的，但这样的猜想并不具有说服力。这一时期是否出现过大规模的迁移潮，这一点尚存在争议，很可能这只是小规模的族群在一个较长时间段内的逐步渗透。

上述迁徙进程是由希腊四散分布的地形特征造成的。这片土地山峦密布，甚至在靠近海边不远的地方都有山峰直冲云霄。希腊神话中众神的居所奥林匹斯山（Olymp）海拔 2 917 米，几乎与楚格峰[1]（Zugspitze）等高。适宜耕种的大多为面积狭小的河谷，而且这些河谷还被崎岖的群山隔开，在古代唯有步行的旅人和用于运输的牲畜（如驴和骡）方能翻越。伯罗奔尼撒半岛位于富庶的拉科尼亚（Lakonien）和麦西尼亚（Messenien）之间的泰格特斯山脉（Taygetos），其部分山脊高度超过了 2 000 米，因此水上交通比陆上交通更为便利。而希腊东部海岸线极其曲折，使得任意一个地方都距海洋不远。此外，爱琴海海域的众多岛屿只有经海路方可到达。

外来移民和接受了外族语言的原住民相融合，由此产生了早期希腊民族。他们的语言被称为迈锡尼语（Mykenisch），研究该民族的专门学科则被称作迈锡尼学（Mykenologie）。此外，根据托名为荷马而流传至今的史诗《伊利亚特》和《奥德赛》中的说法，该民族也被称作“亚该亚人”（Achäer），不过不应将他们与历史上同名的方言群体[2]相混淆。“海伦人”（Hellenen）这一名称直到公元前 7 世纪以后才被证实是用于称呼该族群的。“Hellas”最初仅指色萨利（Thessalien）的一小

① 德国最高峰，海拔 2 962 米。——译者注

② 即前文所述爱琴语。——译者注

片区域。我们现在对希腊人的称呼“Griechen”源于拉丁语中的“Graeci”。

始于公元前三千纪上半叶的希腊大陆的青铜时代在考古学上的术语是“Helladikum”，并根据陶器的艺术风格依次被划分为早期、中期和晚期（分别缩写为 FH、MH、SH），各时期又进一步划分为多个阶段。与此对应的则是出现于克里特岛的米诺斯文明（Minoikum，各时期分别缩写为 FM、MM、SM）。

米诺斯时期的克里特

我们以一位传说中统治海洋的君主米诺斯（Minos）之名，将青铜时代前希腊时期的克里特人命名为米诺斯人（Minoer）。他们如何自称，我们不得而知。该民族的语言和起源是个谜，他们创造了一个高度发达的独立文明，直到 1900 年之后阿瑟 · 埃文斯（Arthur Evans）开展的发掘行动才使得该文明重见天日。米诺斯艺术与自然紧密相连，表现出一种无忧无虑的生活态度，强烈地吸引着 20 世纪和 21 世纪的人。

公元前 2000 年，真正的繁盛突出体现在一种建在城市中心的克里特风格的王宫 [如克诺索斯宫、费斯托斯宫（Phaistos）以及哈吉亚·特里亚达宫（Hagia Triada）、马利亚宫（Malia）和扎克罗斯宫（Zakros）]上。这样一来，人们除了可以程式化地按照陶器风格对米诺斯文明进行划分，还可以王宫为准绳对该文明进行分期。前王宫时期对应的是米诺斯文明的早期。王宫时期则被分为早王宫时期（又称旧王宫时期，MM I–II）和新王宫时期（MM III–SM II 以及 SM III）。

旧王宫很可能由于地震的影响而遭到反复毁坏，公元前 1700 年后被彻底铲平，在原有的地基上建造了新的建筑。这一时期最重要的宫殿是费斯托斯宫，这之后建的宫殿规模要比它小。新王宫中规模最大的位于克诺索斯。这些王宫不仅被视为宏伟的住所，还被当作贡品的贮藏地、本埠及外埠贸易中心，甚至手工业生产的中心。这些建筑群都分别围绕着一处中庭分布。

先于这类王宫以及与王宫并立的还有一些小规模的统治者宅邸。这些建筑是上层人士的居所、办公用地或杂用建筑，其中有些宅邸位于城外，而王宫则坐落在城中。目前被完全发掘出来的只有小城古尔尼亚（Gurnia，此地按照今天的标准只是一座村庄）。据估算，克诺索斯的居民数量大约为 3 万人，甚至可能远远多于这个数字。房屋一般修建得十分密集，往往是多层建筑，城市和宫殿都没有修筑防御工事。

这座岛上似乎长期没有爆发过战事，外敌似乎也不能构成威胁，米诺斯人一方控制了爱琴海的部分海域。总而言之，他们在经济上和文化上具有较大的影响力。在王宫中行使权力之人究竟是谁，我们对此不得而知。因为那里的统治者不像西亚和埃及地区的统治者那样明晰。妇女具有很高的社会地位，尤其在祭祀方面更是如此。

人们在管理王宫时使用的是一种特殊的书写系统。其中既包含图形文字（象形文字），也包含音节文字与图形文字的结合体，即线形文字 A 和线形文字 B。如上文所述，线形文字 B 后来被用于书写希腊语，线形文字 A 至今仍未被破解。此外还有一些一千多年以后在克里特岛东部用希腊字母书写的铭文也没有被解读出来。

现在仍不清楚早期希腊人是何时并且如何开始统治克里特岛的。近几十年来，有一个假说被人们激烈讨论：锡拉岛 [Thera，今圣托里尼岛（Santorin）] 曾有过一次剧烈的火山爆发，使得该岛被摧毁，克里特岛也遭到了严重破坏，使得外敌能够轻易地入侵克里特岛。但是根据现在的评估，火山喷发对克里特岛影响较小，并且借助自然科学手段估算出的火山喷发时间（前 1500 年，甚至是前 1600 年以前）要远远早于大部分王宫的衰败（前

1450 年以后），还有其他许多细节问题也存在争议。与其他众多王宫不同，克诺索斯宫被保存至今，它成了克里特岛上唯一一处统治中心，在那里发现的众多写有线形文字 B 的泥板证明当时已存在早期希腊统治者。或许他们起初支持克诺索斯的统治者捣毁其他统治中心，后来干脆自己夺权，并将整座王宫据为己有。

线形文字 A 的泥板上所写的图形符号和数字已经体现出了十进制的应用，这些泥板被用于经济和行政管理登记。这一点是通过线形文字 B 的文本才得以明确的。此外泥板还证实了这样一种看法，即克诺索斯宫控制了克里特岛的绝大部分地方，百姓（主要是农民和手工业者）有义务通过多种不同的方式向王宫缴纳赋税和提供服务，奴隶的地位则无足轻重。

根据普遍存在的观点，克诺索斯宫及其中保存的用线形文字 B 写成的档案被毁的时间不晚于公元前 1375 年。然而这种文字与伯罗奔尼撒半岛上被毁于公元前 1200 年的文明中心的文字，以及新近发掘于克里特岛西部的奇多尼亚 [Kydonia，今干尼亚（Chania）] 被毁于同一时期的线形文字 B 泥板上的文字十分相似，这使得王宫及档案被毁的时间相应地被推后了一些。为什么这座最后的宫殿没有像早年灾难后那样得到重建，现在看来成了一个难题。而对迈锡尼时期的希腊本土上被毁坏的城堡而言，同样的问题也需要加以探究。

迈锡尼时期的希腊

希腊大陆自青铜时代中期至青铜时代晚期（迈锡尼时期）之交便开始受到米诺斯文明的高度影响。在迈锡尼发掘出的最古老的具有本地特色的遗迹是两处公元前 17 世纪和公元前 16 世纪（根据最新估测应分别为公元前 18 世纪和公元前 17 世纪）的竖井墓园。其中距今时间最近的墓园 A 因其珍贵的陪葬品而尤为引人瞩目。出土的陪葬品包括黄金面具、镶嵌有华丽珠宝的刀剑匕首以及众多饰品等。这显然是米诺斯风格的手工艺品，也有可能是仿制米诺斯的工艺品。人们不清楚迈锡尼人是如何获得这些物品的，也许是战利品，也许是通过其他途径获得的。迈锡尼人的住宅可能是由易损材料筑成的，因此已无迹可寻。

希腊南部统治者的权势在公元前 15 至前 14 世纪通过更为宏伟的圆顶墓或穹顶墓得到体现。圆顶墓上部覆有泥土，看上去像一座座假山，里面的陪葬品已经被盗墓贼洗劫一空（只有少数例外），墓室中还安葬有其他有身份的人。此外，目前还发现了约公元前 1400 年供生者使用的大型建筑——一些城堡。与克里特王宫不同，这些城堡十分坚固，甚至有些过度设防。而这些设施具有明显不一样的特征：建筑的参照点不再是中庭，而是一处大厅，被称为“迈加隆”(Megaron)。保存得最为完好的是迈锡尼、梯林斯（Tiryns）和皮洛斯（此处自然没有防御工事）的城堡遗迹。另外在雅典（Athen）、忒拜（Theben）、奥尔霍迈诺斯（Orchomenos）、戈拉 [Gla，位于维奥蒂亚（Böotien）] 和伊奥科斯（Iolkos，位于色萨利）也存在类似的建筑。

墓园 A 位于迈锡尼城堡的围墙以内，其外围还筑有一面双层围墙。仓库和作坊则位于围墙之外所谓的下城部分，那里还分布着一些权贵的住宅。城堡拥有的杂用建筑规模要小于克诺索斯宫——这或许说明此地的集中化程度较低，供附近生产者活动的范围更大。不过总体而言，这里也存在着王宫经济系统。皮洛斯是线形文字 B 泥板在大陆上的主要出土地，解读出来的泥板内容是否能够说明当时的所有制关系以及城市毁灭的经过，这一点目前尚存在争议。

对于修建坚固的防御工事的原因，人们目前也只能进行猜测。能够想到的原因有统治者之间的争斗、向臣仆宣示权力以及抵御外来入侵。此外，学界还在广泛讨论“迈锡尼王国”是否就是赫梯文献中提到的“阿赫希亚瓦”[Achchijawa，是否指的是亚该亚（Achaia）？]。即便这一称谓的确指的是早期希腊的统治区域，也无法确定其具体方位。我们很难相信这是一个实行中央集权的辽阔王国。青铜时代晚期 III B 阶段的爱琴海乃至更大范围地区在陶器风格上的统一，以及远至意大利甚至叙利亚的远洋贸易，这些并不以政治上的统一为前提。

对一个“庞大王国”的想象主要源于史诗中对迈锡尼国王领导亚该亚诸侯组成联军包围和征服特洛伊事迹的记载。然而人们不应将史诗简单地看作史实，和《尼伯龙根之歌》一样，希腊史诗可能会把不同时期的历史事件编排在一起，将其拔高并进行重新阐释。歌手及诗人对迈锡尼时期的具体情况一无所知，他们的想象力经过数个世纪，融合了不再为今人所理解的历史素材，创作了一篇具有诗意色彩的叙事作品。

在迈锡尼人生活的时代和我们听到的传说最终形成的时期之间，希腊曾发生过激烈的大变革。公元前1200 年前后，仅仅在几十年之间，大部分迈锡尼人的统治中心被毁。学界对这一现象的解释五花八门，各种说法互相交杂：地震、各城堡主之间的敌对战争、本地百姓的起义和异族的入侵。研究者也因此将希腊本土的局势置于整个环地中海东部的民族大迁徙的大背景下。赫梯王国陷入了混乱的局面，但没有任何一份赫梯文献给出了具体的信息。埃及的捷报则在公元前 1200 年前后记载了抵御“海上民族”的事，在这批民族中只能肯定有非利士人（Philister）的存在（非利士人当时定居在以自己民族命名的巴勒斯坦）。考古发掘结果表明，希腊曾出现过多次民族迁徙。部分地区的多数聚落被弃置不用，而另一些地区则继续有人居住，只是规模已不如从前。从任何一个角度看，迈锡尼时代都不是突然终结的（最新发掘结果更清楚地说明了这一点），但它的确是一个具有突出意义的历史阶段。

第二章
黑暗和古风时代

“古风时代”（archaische Zeit）这一概念取自希腊艺术史。不过新时代的真正开端通常被认为早于希腊古风时代，因为在大多数历史学家看来，古风时代与上一时代最明显的界限是公元前 8 世纪初一种新型文字的传播，以及不久后首批历史文献的出现。关于在这之前的数个世纪的情况，我们所能掌握的只有考古资料以及难以确定年份的神话传说。这一时期发掘出的实物也不再具有迈锡尼时代的光彩。因此，介于迈锡尼文明衰落和公元前 8 世纪初之间的这个时期普遍被称为“黑暗时代”或“黑暗世纪”。

黑暗时代的迁徙与变革

“大迁徙”或者“爱琴海大迁徙”指的是始于公元前 13 世纪，并持续了三个世纪之久的复杂的民族大迁徙运动。显然在大迁徙末期，最后一批希腊移民，即西北希腊人和多利安人（Dorier）找到了自己的最终落脚点（史称“多利安人大迁徙”）。此次迁徙活动没有波及阿提卡（Attika）和优卑亚岛（Euböa），也没有涉及位于伯罗奔尼撒半岛内陆的山区阿卡迪亚（Arkadien）。在上述大迁徙运动未涉及的地区，以及可能在迈锡尼时期之后接收了新希腊移民的塞浦路斯（Zypern，后来的塞浦路斯人使用的是一种与早期希腊线形文字 B 有亲缘关系的音节文字），当地方言（阿卡迪亚-塞浦路斯语）也保留了相对较多的迈锡尼语元素。根据普遍观点，希腊方言是伴随着黑暗时代的主要方言，如爱奥尼亚-阿提卡语（Ionisch-Attisch）、阿卡迪亚-塞浦路斯语（Arkadisch-Kyprisch）、伊欧里斯语（Äolisch）以及多利安-西北希腊语（Dorisch-Nordwestgriechisch），它们是随之一起产生的。与过去人们设想的不同，这些方言并非是由迁入的大部族联盟直接带来本地的，在相邻部族之间的交往中也体现出了方言的共性。

多利安人和西北希腊人的祖先在迈锡尼时期可能生活在迈锡尼文明的西北边缘地带。西北希腊人主要聚居在科林斯湾（Golf von Korinth）的北部和南部地带，这些地区后来一直游离于文化发展的主线。他们后来入侵东部的色萨利和维奥蒂亚，与早就在此地定居的同为希腊民族的伊欧里斯人相融合。

伯罗奔尼撒半岛上的迈锡尼文明的中心被多利安人所占领，包括克里特和爱琴海南部诸岛。他们的占领行动并非一蹴而就，位于麦西尼亚地区的皮洛斯已是一片荒芜，而伯罗奔尼撒半岛南部富庶的欧罗塔斯河（Eurotas）平原上建起了四座多利安人的村庄，这四座村庄集合在一起，以斯巴达（Sparta）为名。该地区另一个名称是拉刻代蒙（Lakedaimon，现名为拉科尼亚），这可能是一个前希腊语（Vorgriechisch）的名称，居住在此地的多利安部落据此自称为拉刻代蒙人。

人们从斯巴达最早的聚居区的土层中发掘出了公元前 10 世纪末的陶器，但其社会组织无从得知。直到公元前 7 世纪才被诗人提尔泰奥斯（Tyrtaios）确证为三大部族（Phylen）——希莱人（Hylleis）、迪曼人（Dymanes）和潘菲利人（Pamphyloi）。这种划分方式也出现在其他多利安人族群中，然而现今无法确定在大迁徙时期曾存在一个在任何一处聚居地都会遵循这种划分原则的大型部落。当时的多利安人更有可能采取的是一种新型的组织形式。特有的两王共治制度也可能是过去彼此独立的防卫共同体统一后的结果。随着扩张进程的推进，拉刻代蒙人分裂为斯巴达人（Spartiaten）和政治地位较低的庇里阿西人（Periöken，意为“边民”）。其中部分庇里阿西人可能就是原本居住在此地的亚该亚人。

身处不同地区的早期希腊先民彼此的命运截然不同，目前并没有可靠的书面文献对此进行记载，更勿谈同时代的文献了。大多数最新考古发掘结果表明此地人烟稀少，因此主张早期希腊人在迁徙过程中进行过大规模征服活动的看法也就很成问题了。

大约在公元前 11 世纪末，希腊居民越过了爱琴海诸岛，前往小亚细亚西海岸。这绝非一日之功，而是经历了一个多世纪才完成的。北部居住的主要是伊欧里斯人，中部是爱奥尼亚人，南部则是多利安人。爱奥尼亚人所占的比重最大，因此爱奥尼亚人的名称时常被用于泛指小亚细亚西部的所有希腊人，而他们的迁移过程在今天被称为“爱奥尼亚人大迁徙”（又称“爱奥尼亚人殖民”或“第一次殖民”）。希腊人有可能在小亚细亚殖民是因为没有任何势力阻挡他们，这里的地理条件与他们的故土希腊相似，拥有曲折的海岸线、肥沃的河谷和温和的地中海气候。相对于后来扩张的希腊殖民地，爱奥尼亚(Ionien)变成了故乡。这里一直是希腊人的领土，直到 1920 年至 1922 年的希土战争，希腊人战败。战争的结果是 1923 年《洛桑条约》的签订，条约规定进行大规模的居民交换，涉及的身在土耳其的希腊人要多于身在希腊的土耳其人。

迈锡尼时代的政治组织在大迁徙的风暴中土崩瓦解，考古结果已经表明了这一点。宫殿被摧毁，支撑着这些统治中心发展的经济组织也不复存在，人们不再修建大型建筑，只有一处发掘于优卑亚岛勒夫坎迪(Lefkandi) 附近的公元前 10 世纪的大型迈加隆（即中央大厅，又称大殿）是个例外。这处迈加隆的材料为黏土砖，筑于石制基座之上，作坟墓之用，此时的文字已变得多余，逐渐被人们所遗忘。迈锡尼统治者的人数显然十分稀少，当地群众组成多个小型群体，他们的生活方式与外来移民并无任何不同。紧接着，对外贸易结构发生了变化，人们需要从外面进口金属，其中一处重要的中转站便是塞浦路斯。铁器时代来临。人们在公元前 11 至前 10 世纪的土层中发现了铁制武器和用具的痕迹，不过人们在日常生活中还是多用青铜器。其间不断有新移民定居在迈锡尼地区，而地理条件（河流稀少、肥沃平原有限）使得农民集中居住在一批中心地区，这些地方主要聚集着有势力的家族和少数手工业者。希腊人将这种围绕一小片适宜耕作土地的经济政治中心称为“pólis”（复数“póleis”），意为“城邦”。该词最早指的是山丘上的堡垒，后来被用于指代堡垒山脚下的聚落或一片封闭的地区。位于这些地方附近的墓地 [例如雅典的凯拉米克斯（Kerameikos）] 中的陪葬品逐渐体现出社会阶级的分化。

考古文献的重要意义毋庸置疑，但数量却十分有限。而对于唯一一批书面文献，情况却正好相反，这就是公元前 8 至前 7 世纪基本以书面形式固定下来的《荷马史诗》（史诗后来直接以荷马命名，然而学界对于史诗作者的问题莫衷一是），它是根据黑暗时代形成的口头传说加工成篇。史诗借口诉说昔日英雄时代的事迹（即我们通常所说的迈锡尼时代），实则对英雄时代的理解并不到位，充其量不过是提供了一种公元前 9 至前 8 世纪社会结构的模式。在口头文化条件的制约下，回忆不可能追溯到祖父辈之前的时代，只能在本时代的经验和期望基础上进行遴选，其程度比我们现代人所想的还要深。

英雄史诗基本上只关注头领（basilées，单数为

basileús)，这一概念在德语中通常被替换为“König”（意为“国王”，在其他现代语言中也有对应），这样做可能产生误导。同样的头衔也适用于其他领主，而“真正的”国王是希腊人中的头号人物（即“Oberbasileus”）。“Basileus”一词在迈锡尼语中可能指的是下级头领，例如一支军队或一座村庄的首领。迈锡尼时代以后，诸王宫首领没有了上级，于是头领成了自己所在地区最有权势的人，并通过精致的生活方式脱离了普通大众，我们将这类人称为贵族，但他们不能被视为真正意义上的贵族阶层，因为他们必须取得成就才能维持自己的声望。他们权力的基础是拥有比其他民众更多的土地以及更多的牲畜，最重要的是他们还通过掠取和争夺肥沃的土地证明自己具有强大的军事实力。家庭（oíkos）是生产和消费的单位，贵族家庭内部包含不同的社会等级，从一家之主及其家族成员，到不同程度上依附于主人的人员，再到真正的奴隶，这些人都是家庭的一分子。大多数人从事农业生产，他们中的一部分人自主经营，但绝大部分对贵族负有义务。除此之外还有少数手工业者，例如锻工、木匠、陶工，还有医生、歌手和预言家。虽然人民和军事大会在总体上扮演的是一个较为被动的角色，但它们作为一种公共舆论及社会监督的场所，所具有的地位仍然比人们迄今为止所认为的重要。正是在这个意义上，公元前 8 至前 7 世纪，古风时代初期的社会现实才打破了人们对英雄时代抱有的夸张的印象。

城邦的开端

始于公元前 8 世纪、止于公元前 500 年的古风时代形成了希腊典型的社会及政权组织形式，即充当公民社区的城邦。如今我们已惯于使用希腊语原词“Polis”作为“城邦”的概念，不过这一原词有多重含义：“Polis”可以单纯指代一个封闭的聚落，即“城市”。而作为政治概念，它指的是一个人的集合体，这通常是一种围绕“城市”中心聚合而成的共同体，其基础是共同体成员的土地私有制，以及共同体内部事务能够按照共同规则得到规范。城邦被认为是家族或聚落的共同体，无论是在自己所拥有的领土外部还是内部，城邦都与非城邦成员彼此隔绝。

公元前 8 世纪以后，希腊人继续通过建立多个独立城邦的方式进行扩张（即希腊大殖民运动）。这一现象之所以出现，并不全是因为新聚落具有特殊的环境。该进程符合大殖民运动以前便可能存在的人们业已熟悉的社会生活方式。如今我们只能试着去猜测大殖民运动产生的原因。希腊被山峦水域切割成面积狭小的多块土地，这样的地理条件想必起到了一定的作用。然而即使在一些拥有较大面积土地的地区，也时常有多座独立城邦并存，例如维奥蒂亚和部分岛屿之上。或许是王宫经济瓦解以及小型新聚落建立之后有限的生产和交换条件（具体而言还存在不少偶然性的历史因素）决定了古风时代城邦的基本结构，这使得城邦的经济和政治难以进一步扩张。

城邦作为形成中的公民社区，在公元前8世纪只能说是初具雏形。城邦以聚居区的形式存在，这一点可以从考古和文学上得到确证。按照现代定义，城邦只是一些较大的村庄。但即便一处小地方也可能成为一整片地区居民的社会政治中心。在这种情况下，城乡之间不存在真正的差别，核心地区的大部分居民本身就是农民，因为人们一般不会分散居住在独户院落中。后来手工业和商业的发展使得多种不同类型的城邦产生。不过城邦的基本特征早已形成，农业是其不可或缺的基础。多数情况下，城邦的所有成员都会以核心地区居民自居，而不会考虑自己实际的居住地，这体现了城乡的统一。因此，所有政治上归属于雅典的阿提卡居民都被称为雅典人。希腊人不像现在这样使用地区名或地名，而是采用人的总称作为国家名称，无论一个城邦是以具体地点还是部落为基础，情况都是如此 [例如福基斯人（Phoker）]。

每座城邦都可能有一处集会广场 [即“阿哥拉”（agorá）]，民众可以在重要场合聚集于此。随着时间的推移，那里逐渐建起了一些公共建筑。在经历了数个世纪之久的中断后，公元前 7 世纪起，希腊人重新开始修建大型建筑，主要使用的材料是木头。不过这一时期的代表性建筑不是王宫，而是庙宇，但这些庙宇、神庙与经济和政治上富有影响力的祭司阶层并没有什么关系，在祭祀中代表城邦的是所谓的国王。然而到了公元前 8 世纪，王制开始衰落，各殖民地几乎无一例外，不再拥有国王。不同于罗马，希腊王制的消亡并非是一件值得载入史册的轰动大事。反正这里的国王与其他贵族相比，也没有多享有多少权力，因此这也可以理解。

《荷马史诗》究竟描写的是哪一个时期，人们时常对此疑惑不解。而赫西俄德（Hesiod）的作品给出的信息要更为准确。这一方面是因为人们能够确定赫西俄德生活在公元前 700 年前后；另一方面则是由于赫西俄德描写农业的教育诗《工作与时日》并不像荷马那样展现的是过去的时代，而是当下的生活。在这部作品中，他采用的是农民的视角，（与荷马不同）贵族的形象十分模糊。执行审判的是头领，然而头领的立场不明。赫西俄德控诉了“不公正的判决”，这不仅体现出了个人的愤怒，还使人猜测社会上普遍存在对有权势的统治者的不满情绪。在同样的上下文中，统治者被扣上了“侵吞礼品”这一属性，这通常指的是统治者收受了贿赂，但也可指农民对贵族负有缴纳赋税的义务；这更可能影射了本应向法官缴纳的费用，但被索取的金额过高，这类费用按照传统习惯常被形容为“礼品”(在《荷马史诗》中也是如此)。

如果没有缴纳赋税的义务，那么赫西俄德笔下的农民就是自由生产者和资产所有人，他们拥有劳动力，可以自行支配自己的劳动成果。赫西俄德的父亲是一名来自小亚细亚库迈（Kyme）的外来移民，他在维奥蒂亚获得了土地，这片土地显然为他私人（或家族）所全权拥有，而赫西俄德的父亲死后将土地分给了两个儿子。赫西俄德这样的农民家庭的生产经营已经开始依靠奴隶(此外还有短期雇佣劳动力)，而其他拥有更多地产和牲畜的人同样需要奴隶从事一部分劳动。负债者是否要为大地产者服务，这一点没有从赫西俄德的作品中得到证实，他只提到了同一等级的邻居之间相互借贷的情况。

然而在希腊，自由农民的存在并非常态。农民通常处于人身附庸和非自由状态，这在现代被称为农奴制，而当时甚至已经在使用“奴隶制”这一概念。但这样的社会关系不能与中世纪西欧封建关系等同，此时的农奴通常产生于（在迁移过程中以及在后来的殖民运动中）被征服的当地居民。拉科尼亚和麦西尼亚 [黑劳士（Heloten）]、色萨利 [珀涅斯泰人（Penesten）]、克里特岛（有多种名称）以及部分殖民地都存在非自由或受奴役的农村人口。土地肥沃的地区由于物产丰富，使得统治阶层得以建立。

虽然传统城邦的形象一方面受到拥有自由经济权以及参与政治生活的农民的影响，另一方面又有赖于人身关系相对灵活的奴隶的附庸劳动，但仍旧不能排除其他社会结构的存在。只要固定资产所有人的数目足以构建一个公民群体，那么在农奴制基础上同样能够产生一个运转良好的公民社区。在许多地方，参与公共政治事务是富人的特权，这些人通过何种方式剥削其他劳动力，从而取得收入，这个问题在政治层面上毫不重要。亚里士多德的定义，即人是城邦的动物（zóon politikón），适用于公民社区的所有变体。

按照希腊语的习惯，“城邦”常常被拿来与被视为

“部落国家”的“族群”(Ethnos) 这一概念进行对比，后者是一种不以单一城市为中心的国家或地区联盟，虽然在族群内部也存在同乡的归属感、共同的行为准则及风俗习惯和政治制度，但其组织程度总体上要低于城邦。古风时代几乎没有留下与此有关的信息。到了古典时代，族群这种政治组织形式仍然在希腊西北部的阿卡纳尼亚人（Akarnanen)、埃尼安尼亚人（Änianen)、埃托利亚人（Ätoler)、福基斯人和洛克里斯人（Lokrer）那里得到最为纯粹的保留，那里占主导地位的是乡村聚落，而在其他地方已经在族群的框架下发展出了城邦。有时地区联盟的统一性会因此变得更为脆弱，例如在色萨利、阿卡迪亚和亚该亚便是如此。但有时城邦又会成为地区领导力量，例如维奥蒂亚地区的忒拜和东洛克里斯地区的奥普斯（Opus)。因此城邦国家和部落国家间的界限是模糊的，在国家政权的意义上，二者都可以被列入城邦“Polis”的范畴。

希腊人在环地中海地区的扩张

公元前 8 至前 6 世纪，希腊人聚居区在环地中海和黑海地区以令人惊讶的速度开始扩张，与城邦的形成产生交互作用，这一进程通常被称为希腊大殖民运动。被称为“殖民地”（Kolonien）的新聚落与近现代殖民地没有任何关系，而是更接近罗马的“coloniae”这一概念（原意为“农民聚居区”）。拉丁语中的“colonia”等同于希腊语中的“apoikía”，后者的意思是“向外迁徙”。罗马人的殖民地隶属于母城，同时在母城的影响下承担防固的职能。当希腊人逐步开始建立这一类殖民地时，尚不存在使母城能够扩张自身势力的前提条件。通常情况下母城与殖民地之间的距离太过遥远。此外，向外迁徙的只是少数人。这些人建立起独立的城邦，而城邦与母城（metrópolis）通过共同的祭仪、习俗、法制和（并非一定存在的）友好关系产生联系。殖民地活动的参与者并不一定要出身于母城，母城的功能主要是确立殖民地活动的首领，可能还提供船只。

向外迁徙的原因五花八门，最常见的一个理由是人口过多。许多小型城邦无法再承受日益增长的居民人口。然而人口过多只是相对过剩，造成这一现象的原因是土地分配不均和由此导致的生活保障方面的机会不均等。赫西俄德并没有谈到殖民运动，但他透露了进行殖民的可能原因：良田的缺乏，农民的劳碌，统治者的不公，遗产分割使得地产被切分为多个没有经营活力的小型农庄。而连年歉收更会恶化这一状况，这在个别情况下也是向外迁移的原因。对于上层人士而言，战争失败可能会促使他们前去寻求新的发展空间。野心勃勃的人和行动派会被吸引前去充当领袖。一处殖民地的建立者（oikistés）拥有很高的地位，部分人会在死后被尊为英雄（半神），接受敬拜。

殖民运动的外部条件还有远洋贸易的发展，虽然贸易的发展并不能完全解释殖民运动这一现象，但如果没有云游四方的商人带来的地理知识，人们根本无从想象能够建立这么多殖民地。希腊人自公元前 9 世纪起便开始从事海外贸易，这在《荷马史诗》中是腓尼基人（Phöniker）的工作，希腊人后来也入侵了腓尼基。人们曾在米纳（Al-Mina）的奥龙特斯河（Orontes）河口附近发现了一处公元前 8 世纪的希腊商人殖民地，殖民地的建立者可能来自优卑亚岛。他们也许从腓尼基学会了字母文字，并将其传播开来。

优卑亚岛上最重要的城邦哈尔基斯（Chalkis）和埃雷特里亚（Eretria）后来也在向西贸易中具有了一定地位。或许是意大利的铜矿诱使人们定居在位于那不勒斯湾的匹德库塞岛 [Pithekussai，今伊斯基亚岛（Ischia）]（时间约为前 770/ 前 760 年），这是哈尔基斯和埃雷特里亚这两座城邦，乃至希腊人在西方最古老的一处殖民地。数年后，人们又在匹德库塞岛对面的大陆库迈（拉丁语为“Cumae”）定居。殖民者最迟在这个时候奠定了进行农业生产的基础，这对于建立一座独立的城邦不可或缺。后来以库迈为主要据点，希腊人开始对意大利和伊特拉斯坎（Etrusker）领邦进行文化上的渗透。很可能在公元前8世纪，得到哈尔基斯支援的库迈人定居在了墨西拿海峡，从而保障了航线安全，并通过对海峡控制而使自身从中获利。海上贸易和海盗行径几乎是密不可分的。希腊人在西西里的第一处据点是赞克尔[Zankle，即后来的墨西拿（Messina）]，此外还在西面建立了农业分支地区米莱[Mylai,即米拉佐（Milazzo）]。以赞克尔为据点，人们在意大利本土又建立了雷吉翁[Rhegion，即雷焦卡拉布里亚（Reggio di Calabria）]。

即使人们一般认为贸易往来在向西殖民的进程中起到了一定的作用，但西西里之所以能吸引殖民者，更多的可能还是因为那里十分适宜农耕。修昔底德（Thukydides）记载了西西里诸城邦的建立时间，虽然信息不全部可靠，但这些内容却为古风时代西西里地区的年代测定奠定了基础。

哈尔基季基（Chalkidiki）的殖民地有纳克索斯

（Naxos）、莱昂蒂尼（Leontinoi）和卡塔纳 [Katane，即今卡塔尼亚（Catania）]，这些城邦建于公元前 734 至前 729 年之间，这些地方与上文所述的其他意大利殖民地一同构成了爱奥尼亚方言区。西西里还受到了多利安人的极大影响，科林斯人在公元前 733 年前后建立了叙拉古（Syrakus），此城后来成了西西里最重要的城市。墨伽拉人（Megarer）于公元前 728 年建立了一座以故乡墨伽拉（Megara）为名的城邦，该城别名为希布利亚（Hyblaia）。罗德岛人（Rhodier）和克里特人共同于公元前 688 年在西西里南部海岸建立了杰拉（Gela），而杰拉人则在公元前 580 年建立了阿克拉加斯 [Akragas，即今阿格里真托（Agrigento）]。自此，从旧殖民地中开始延伸出新殖民地，例如从墨伽拉-希布利亚发展出塞利农特（Selinus），从叙拉古发展出阿克莱（Akrai）和卡玛利纳（Kamarina），从赞克尔发展出希梅拉（Himera）。参与殖民地建设的人员不一定出身于当地的方言区，也有来自其他城邦。爱奥尼亚和多利安的城邦之间没有明显的区分，西西里地区的希腊人在文化上仍然与希腊本土保持着紧密的联系。

公元前 600 年，库迈在意大利建立了奈阿波利斯[①]

① 意为"新城"，即今那不勒斯。——译者注

(Neapolis)，意大利其他大部分希腊殖民地都是由来自伯罗奔尼撒半岛西北部的亚该亚人建立的。尤为值得一提的是锡巴里斯（Sybaris）、克罗托内（Kroton）和梅塔蓬托（Metapont），这几座城邦可能自公元前 720 年起按照这一顺序依次建成。从这些城邦又发展出其他殖民地，其中就有因保存完好的神庙而著称的波塞冬尼亚 [Poseidonia，拉丁语名为“帕埃斯图姆”（Paestum）]。公元前 706 年，来自斯巴达的移民在塔拉斯 [Taras，即塔兰托（Tarent）] 定居，这些人在斯巴达因不明原因而受到歧视。来自希腊中部的洛克里斯人在公元前 700 年后定居在了洛克里–埃庇泽菲里奥（Lokroi Epizephyrioi）。希腊本土的洛克里斯人和亚该亚人在开发城邦的进程中较为落后，但由他们新建的城邦后来发展成了真正的城邦国家，这也说明了城邦国家和部落国家在概念上的界限是模糊的。不知从何时起，也不知出于何种原因，意大利南部的希腊人聚居区获得了“大希腊”这一称谓（后来该称谓有时也包括西西里）。

南意大利和西西里并非一直都是希腊人在西方的前哨。公元前 600 年，来自小亚细亚的爱奥尼亚的福西亚人（Phokäer）在罗讷河（Rhône）商道的终点建立了马萨利亚 [Massalia，即今马赛（Marseille）]。以此处为起点，其他殖民地开始在法国和西班牙环地中海地区蔓延开来。福西亚（Phokaia）落入波斯人之手后（前545年），后来的移民便在科西嘉岛（Korsika）上站稳了脚跟。然而到了公元前540年，阿莱里亚（Alalia）海战爆发，福西亚人受到了迦太基（Karthago）和伊特拉斯坎联军的威胁，被迫放弃科西嘉岛，最终在韦利亚（Elea，位于意大利南部）安顿下来。一般认为阿莱里亚海战标志了大殖民运动的终结，但实际上建立殖民地的主要浪潮早已结束。在这之后依然还有新的殖民地被建成，而已建成的城邦还在不断吸纳新移民。

直到大殖民运动时代，靠近希腊本土的地区才有希腊人居住，这些地区中的一部分今天仍属于希腊。公元前8世纪，克基拉岛[Kerkyra，即科孚岛（Korfu）]上首次有来自埃雷特里亚的殖民者定居，后来又出现了来自科林斯的殖民者。公元前625年，克基拉岛和科林斯共同建立了埃庇达诺斯[Epidamnos，后更名为都拉齐翁（Dyrrhachion），今都拉斯（Durrës）]。大约自公元前700年起，移民运动开始波及包括哈尔基季基半岛的色雷斯（Thrakien），南部海岸以及萨索斯岛（Thasos），此外，还有赫勒斯滂[1]（Hellespont）、特洛阿

[1] 即今达达尼尔海峡地区。——译者注

斯（Troas）、普罗波恩蒂斯 [Propontis，即马尔马拉海（Marmarameer）] 和博斯普鲁斯海峡（Bosporus）周边地区。迦克墩（Kalchedon）和拜占庭为墨伽拉所建。

有部分信息不太可靠，即希腊人早在公元前 8 世纪便在黑海南岸建立了锡诺普（Sinope）和特拉比松（Trapezus）。直到公元前 7 世纪，黑海地区才开始大规模出现希腊殖民地。在这一地区起领导作用的是米利都人（Milesier），他们建立了伊斯特洛斯（Istros）、奥尔比亚（Olbia）、阿波罗尼亚 [Apollonia，今索佐波尔（Sozopol）]、奥德索斯 [Odessos，今瓦尔纳（Varna）]、托米斯 [Tomis，今康斯坦察（Konstanza）]、提奥多西亚 [Theodosia，今费奥多西亚（Feodosia）]、潘提卡派翁 [Pantikapaion，今刻赤（Kertsch）] 和法希斯 [Phasis，在今波季（Poti）附近]。墨伽拉人建立的则有黑海沿岸的赫拉克利亚 [Herakleia，今埃雷利（Ereğli）]、卡拉提斯 [Kallatis，今曼加利亚（Mangalia）]、克森尼索 [Chersonesos，今塞瓦斯托波尔（Sevastopol）] 和梅森布里亚 [Mesambria，今内塞伯尔（Nessebar）]。而位于最东北端的希腊殖民地、顿河（Don）河口的塔内斯（Tanais）则是在公元前 3 世纪才建成。

所有这些城邦的来源都不甚明晰，不过关于公元前

630 年来自多利安岛屿锡拉的殖民者在利比亚建立昔兰尼（Kyrene）的历史，希罗多德留下了两个不同的版本；除此之外，在昔兰尼还发现了一处公元前 4 世纪的铭文，其内容据称是城邦建立者立下的誓言。昔兰尼曾在短时间内存在过王制，这在当时是个例外。同样到了公元前 7 世纪，在法老的首肯下，尼罗河三角洲地区的瑙克拉提斯（Naukratis）开始得到发展，这是一处建立在埃及国土上的多座希腊城邦的贸易据点。

大殖民运动的历史意义不仅在于希腊语区在地理上的扩展，更多的还在于以土地私有制为基础的城邦社会组织形式得到了传播。在大多数情况下，通过殖民的方式赢得土地的都是农民，业已获得的土地会在殖民运动的参与者中被平均分配（当然也会优先照顾头领的利益）。随着殖民者不断征服之前的居民，后来也形成了带有农奴制色彩的统治形式，例如叙拉古和本都地区[①]（Pontos）的赫拉克利亚。总体而言，殖民者与当地居民的关系会根据各地区不同的情况而多种多样。某地区能够成功建立殖民地，一般需要具备的基本条件是，当地人口要稀少，甚至完全没有人烟，或者被迫逃离或

① 希腊语“大海”的意思，指的是黑海南岸的一片区域，位于今天土耳其黑海沿岸东部。——译者注

被征服的原住居民在文化和军事方面处于劣势地位。随着时间的推移，殖民者和原住居民在文化方面开始相互影响。顺便提一下，最早一批希腊殖民者很可能时常需要在当地居民中间寻找妻子。

城邦的一种变体：斯巴达

希腊本土城邦也分化出了不同的发展道路。伯罗奔尼撒半岛南部的斯巴达便是一个特殊的例子，同时该城邦具有举足轻重的地位。后人认为拉刻代蒙人的社会及国家组织形式源于传说中的立法者吕库古（Lykurgos）。不过人们对此人所知不多，而斯巴达对整个拉科尼亚的兼并过程方面的记录要更为详尽。公元前 8 世纪，距离最初的四座斯巴达村庄约 5 公里远的阿米克莱（Amyklai）被并入斯巴达。在此之后，拉科尼亚的南部地区也被囊括进去。古代作家将拉科尼亚南部的埃洛斯（Helos）被征服视为黑劳士制度这一剥削关系的开端，这一观点虽然在词源学上存在争议，但时间上可能是正确的。此外，麦西尼亚湾东岸至帕米索斯河口（Pamisos）这一片地区也于公元前 8 世纪被并入了斯巴达的势力范围。随后，帕米索斯河上游那片肥沃的平原，即麦西尼亚本土也被占领，史称第一次麦西尼亚战争，这次交战持续了20年。战败者和拉科尼亚的黑劳士一样，被迫缴纳赋税。或许麦西尼亚人（他们的数目在古典时期超过了拉科尼亚的黑劳士）的处境也对黑劳士产生了反作用。公元前7世纪末，麦西尼亚人发动叛乱，第二次麦西尼亚战争爆发。斯巴达勉强镇压了叛乱，麦西尼亚人遭到了奴役，自此，他们的地位才最终得以确定。叛乱者得到了麦西尼亚沿海其他独立城邦，以及阿卡迪亚人和阿尔戈斯人（Argeier）的支持。诗人提尔泰奥斯呼吁斯巴达人团结起来一致作战，这在其部分诗句中可见。古希腊重装步兵方阵（Hoplitenphalanx）的战术正是在这一时期开始投入使用，此战术的熟练使用帮助斯巴达人取得了胜利。

重装步兵的全套装备早已投入使用，其中包括一面巨大的圆形盾牌、一身皮制甲胄、头盔、护腿、长矛或剑。这些装备可以用于单兵作战，也可如史诗中所描绘的那样用于一支组织严密的编队作战。若是再往深推究，便意味着会形成一支密集而封闭，并且坚不可摧的重装方阵。方阵中的每一名士兵的盾牌都得到双倍加固（分别固定在手部和下臂处），因此盾牌无法过多移动，士兵手中的盾牌同时要掩护身边战友的右侧，战士们前后依次排成数排。这种新型阵形决定了之后数个世纪的战争，它在所有较为发达的城邦中完成了发展的过渡阶段。

第二次麦西尼亚战争之后，斯巴达也曾试图从邻邦手中夺取土地。到了公元前6世纪中叶，从泰里亚替斯（Thyreatis）到基西拉岛（Kythera）的整个东海岸都已被纳入拉刻代蒙人的国家。但公元前6世纪中叶征服阿卡迪亚人的失败，使斯巴达的征服之路掉转了一个新的方向。斯巴达继续谋求与邻邦结盟，从而为自己的国土修建一条防护带，此时斯巴达的领土已达到8 400平方公里，占伯罗奔尼撒半岛的五分之二。并由此诞生了一个由斯巴达领导的军事同盟，即伯罗奔尼撒同盟。该同盟的本名为“拉刻代蒙人及其战友”，这清楚地表达了斯巴达谋求霸权的意图。最早的同盟协议是与阿卡迪亚的帖该亚（Tegea）签订的。

第二次麦西尼亚战争的结果为斯巴达社会的经典形象创造了前提条件，而斯巴达在历史文献中的形象直到公元前5世纪以后才固定下来。土地得到重新划分，范围得以扩大，每名斯巴达公民都分得了一块份地（kláros，复数为klároi），每块份地上有多户黑劳士。“黑劳士”这一名称的意义不详，这些人自主经营（人们根本不可能一直监视泰格特斯山脉另一端的麦西尼亚），但他们有义务向自己的领主缴纳一定的赋税。提尔泰奥斯曾提到赋税的数额为出产量的百分之五十，但这个数字可能只适用于第二次麦西尼亚战争以前，并且只在麦西尼亚地区得到推行。而普鲁塔克（Plutarch）提到的数额可能更适用于相对稍近一些的年代。因此我们无法估算黑劳士需要承担的赋税数额，也不清楚份地的规模、收益以及依赖份地为生的人口数目。

由于受到残酷压迫，黑劳士的生存状态极为悲惨，只不过他们遭受压迫的形式和强度不尽相同。这主要表现在斯巴达每年都要向黑劳士正式宣战，所有的可疑人员都会被随意处死。斯巴达之所以会实行如此严酷的统治，是因为他们担心黑劳士在人数上会超过自己。黑劳士制度与通常意义上的奴隶制有所不同，黑劳士不像大多数奴隶那样失去了所有家庭关系。后来在麦西尼亚，他们也逐渐获得了身份认同。而在这一点上，拉科尼亚的黑劳士情况大不一样，因为他们没有其他故土，只有主人。他们全都是希腊人，同时他们还作为一个整体，都是斯巴达人的财产，至少当时的主导思想是如此。斯巴达人对黑劳士的所有权的基础是他们与城邦的隶属关系，因此只能通过城邦来释放黑劳士。然而随着时间的推移，份地逐渐成为私有财产，这很可能也影响到了斯巴达人和黑劳士之间的关系。到了公元前5至前4世纪，黑劳士开始以辎重劳役、武器搬运工及战舰上的橹手等身份参与斯巴达人的战争，在特定情况下甚至充当重装步兵。这说明他们也并非毫不可靠。黑劳士制度在拉科尼亚历经数载而不消亡（直至公元前2世纪），唯一可以解释这一现象的只能是许多黑劳士已经接受了自己的命运角色。

斯巴达人作为少数群体，其特殊地位使得他们有必要专门培养自身的战斗力。他们花费大量心力，不断进行重装步兵的训练，并且集中居住在核心区域，时刻处于战备状态，国民教育也以这一生活内容为全部目标。斯巴达的教育制度十分先进，只不过后来才为人所理解。在这样的教育体系下，男童七岁时便要离开家生活、学习和接受训练。他们根据年龄被分成多组，接受已成年的年轻人的领导。训练的重心完全在提高体能，对身体和意志进行磨炼，培养大无畏的气概以及学会无条件服从。到了二十岁，斯巴达年轻人便成长为合格的战士。一直到三十岁，他们都生活在集中的营地内。在这之后，他们至少要保证能够白天参与军事训练，并与其他人共同生活。斯巴达男子共同居住在军帐以及共同用餐的形式通常被称为“syssítia”，意为“公餐”，其他的名称还有“syskénia”和“phidítia”。每名成员都需要为此缴纳一定数额的物资。没有缴纳能力的人要被剥夺被称为“同胞”（hómoioi）的完全公民权。目前我们不清楚此权利被剥夺的斯巴达人的情况。斯巴达人一方面承受着成功的压力，另一方面又要与集体保持一致，这是斯巴达人极为显著的两个特征。违反社会规范会招致社会对自身各种形式的指责，甚至会遭受道德上的谴责（例如在敌人面前表现出怯弱）。

在这种环境下，个人生活的私密程度被降到最低。比起希腊其他地区，斯巴达女性拥有更多的自由，她们也要从事体育锻炼，相对较大份额的经济管理工作落在了她们的肩上。但其他地区的希腊人认为斯巴达女性生活放荡，而男子共同生活的方式滋生了娈童恋，这种风尚甚至被有意识地用来服务于教育。

斯巴达的国家制度原则上符合城邦的基本特征。斯巴达拥有公民大会、议会和承担领导职能的官员。提尔泰奥斯就曾援引过一部最古老的宪法，后来普鲁塔克用古代语言记录下了这部文献的原文[即“大公约”（Große Rhetra）]。文献中的部分内容不详，这是因为要理解这篇文献十分困难，并且后人对斯巴达之前的状况不够了解。其中较新的信息是确立了议会，即元老院（gerusía），其成员数为三十人，其中包括两位国王。此二人要定期召集公民大会，同时他们的决策权得到了认可，只不过他们要受制于元老院，后者拥有否决权。

“Gerusia”的字面意思是“长者议会”，因为议会成员年龄必须超过六十岁。这些人通常出身于有名望的家族，通过一种古老的程序选出，终身任职。元老院的地位和影响力很大。元老院在古典时代还在重大政治问题上充当司法机关。在与公民大会协同工作的时候，元老院承担了前导的职能，为大会预先提出草案。

国王没有最低年龄限制。特殊的两王共治制度的起源已无从探寻。王位由亚基亚德（Agiaden）和欧里庞提德（Eurypontiden）两大家族继承，国王位高权重，他们的实际影响力很大程度上取决于他们的个人能力，这通常是因为他们的主要任务是领导军队。

“大公约”未曾提及古典时代最重要的官员——五督政官（fünf Ephoren），或许他们最初只承担一些简单的职能。直到公元前 6 世纪末，五督政官的地位才得到提升。最终他们需要履行除军队领导以外的所有政府职能，例如他们要在不属于元老院负责的范围内行使司法权，要领导公民大会，要听取其他官员的汇报，甚至还要监督国王的工作，每个月以公民代表的身份与国王交换誓词。五督政官每年由公民选举产生，其中一人会充当名祖（Eponym），即这一年会以他的名字命名。五督政官存在的历史证据最早出现于公元前5世纪最后几十年。古代的五督政官的记载可追溯到公元前754/前753年的名祖督政官名表，但该名表中的部分内容很有可能是后来添加的。

一旦元老院、国王和五督政官做出一致决定，公民大会（现在一般称为“Apella”，但这一称谓没有得到足够的史料支持）便无法与之对抗，这是因为公民大会的成员无官无职，没有决策权。只有上述领导机构无法达成一致时，公民大会才拥有真正的决策权。这时才会召开公民大会，而此时的公民在一定程度上充当了仲裁人的角色。

上述组织形式只在斯巴达城邦所特有，该城邦的成员被称作斯巴达人。但是正式的国民称谓“拉刻代蒙人”在广义上也包括庇里阿西人（períoikoi，意为“边民”），他们都属于斯巴达公民。庇里阿西人是居住在归属于斯巴达人所有的肥沃的欧罗塔斯河平原外围地区的自由民，后来在拉科尼亚以外的地区也有庇里阿西人居住。他们的地位低于斯巴达人的原因不明，并且也无法归结于某一因素。紧邻斯巴达城邦生活的庇里阿西人应该与斯巴达人起源于同一批移民。随着斯巴达的逐步扩张，其他移民建立的城邦也被纳入庇里阿西人的地盘。我们对庇里阿西人的内部组织结构一无所知，这是因为古时候占据领导地位的城邦对外代表整个同盟，它们会吸引所有人的注意力。庇里阿西人建立的共同体也可以叫作城邦，它们拥有相当大的自治权。庇里阿西人的经济基础主要是农业，但他们的经济来源并不像斯巴达那样单一，他们会从事手工业、采矿业、捕鱼和贸易，港口［其中最重要的是吉雄（Gytheion）］都为庇里阿西人所有。

由于庇里阿西人不是斯巴达城邦的成员，因此他们不能参加公民大会，也没有参与国家公共事务的权利，同时不被允许担任政治或军事领导职位，但他们需要组建军队参战，这一点可以在公元前 479 年得到证实。在当时对抗波斯人的战争中，庇里阿西人占了拉刻代蒙重装步兵人数的一半。后来他们在军队中的人数直线上升，斯巴达人的兵力减少后，庇里阿西人便被编入了方阵，与斯巴达人毫无差别。

只要军役负担不太沉重，庇里阿西人便会发现自己的生存状态并不算差，隶属于一个强盛的国家可以保护自己免受外来侵犯，而被称为拉刻代蒙人甚至会引发庇里阿西人的自豪感。从总体上看，庇里阿西人的存在缓和了斯巴达人和黑劳士之间存在的极度不平等关系，从而稳定了黑劳士制度。

早期僭主及立法者

第二次麦西尼亚战争之后，在公民中间分配土地以及推行统一生活方式的做法，使得贵族与普通自由民之间的差异逐渐消失。国王的地位依旧很高，但也因其与元老院捆绑在一起而受到限制，自公元前 6 世纪起，督政官成了一支制衡力量。

而在希腊其他拥有王制的地区，国王受到贵族集体的限制，在很多地方甚至会数年轮换一次。对于大多数地区，我们无法确定轮换的时间，也不清楚国王还保留了哪些职权。在雅典，国王的地位已经被削减至具有宗教象征意义的官员的等级，国王的政治职能转移到了执政官（Archon）手上。(很可能自前 683/ 前 682 年起）每名执政官的任期为一年，执政官在任期中要同斯巴达五督政官中的一人那样，在这一年充当名祖。与执政官和国王并存的还有军事执政官（Polemarchos，即将军)。公元前 7 世纪还出现了六名司法执政官(Thesmotheten)。

这些人被统称为九大执政官。拥有最高权力的可能并不是这些有一定任期的官员，而是议事会，议事会成员采取终身制。以驻地战神山（Areshügel）为名，议会被称为“亚略巴古议事会”，或者直接简称为“亚略巴古”(Areopag)。

成为贵族的基本标准是要拥有一个极好的出身，但正如前文所述，我们称呼希腊贵族的概念本身就是变化的，因为希腊贵族不像罗马贵族那样与其他人之间存在明显的等级差异，财富、号召力及继承权相互制约。部分显贵家族的历史可以追溯到早年的（小邦）国王；部分家族则经过不断发展，最终跻身于权贵之家；但也有一些家族最终没落。在殖民地，最早一批殖民者比后来者拥有更多重要的特权，因此也成了某种意义上的贵族。不过也有人反对贵族在社会生活以及政治方面的垄断地位，贵族之间进行的敌对战争也会从内部威胁到贵族阶层。

在一些大的城邦，少数人开始获得短期统治权，这些人被称为“僭主”(Tyrann)。该名称可能源于近东语言中的“主人”一词，后来被希腊人所接受，用以指称没有经过继承或选举而获得合法统治地位的篡位者。这些人在一定数量的追随者的支持下，通过夺取绝对权力，从而使自己成为所在城邦的统治者。此概念不会被用于自称。部分僭主还会自称国王。这就可以解释为何在后来的传说中阿尔戈斯（Argos）的菲敦（Pheidon）会被塑造成一名变成僭主的国王了。可惜菲敦的生活年代在史料记载中彼此矛盾。如果人们接受他生于公元前 7 世纪中期的说法，那么他便是位于科林斯地峡附近的最早一批城邦僭主之一。

自公元前 8 世纪起，科林斯出现了一批垄断权力的贵族，这些人被称为“巴克齐亚迪”(Bakchiaden)，他们只在统治阶级内部通婚，城邦官员也由他们担任，但他们受到的教育有限。科林斯的领土有所扩张，其最终面积约为 880 平方公里，对于希腊而言这算是很大一片领土了，而且科林斯也以土地肥沃著称。城邦及巴克齐亚迪的财富增长主要依赖于土地这一农业基础。除此之外，便利的交通也是一大因素。地峡两岸分布有多座港口，可以带来关税和港务费收入。比起绕道伯罗奔尼撒半岛南端，在这里转运货物十分便捷。

公元前 657 年（或者更晚），库普塞鲁斯（Kypselos）推翻了巴克齐亚迪的统治。历史的细节就像一则传奇，库普塞鲁斯表面上亲近巴克齐亚迪，但实际上并没有加入他们一伙。这样他便可以身先士卒，代表那些被排挤在权力中心之外的人，为自己赢得广泛的支持，从而独揽大权。三十年后，接替库普塞鲁斯的是他的儿子佩里安德（Periander/Periandros），后者统治科林斯长达四十年。在他的治下，僭主具备了更为清晰的特征。他为自己建立了一支近卫军，而这正是古典时代僭主的标配。佩里安德统治时期的科林斯十分强大，可谓前无古人，后无来者。其他僭主统治着科林斯的殖民地。库普塞鲁斯向莱夫卡斯（Leukas）、阿纳克托里翁（Anaktorion）和安布拉基亚（Ambrakia）派出了移民，佩里安德则在哈尔基季基半岛上建立了波提狄亚（Poteidaia），并短暂控制过克基拉岛和埃皮达鲁斯（Epidauros）。佩里安德比自己的儿子们活得还要久，他选定自己的侄子普萨美提克（Psammetichos，此名表现出与埃及之间的联系）为继承人，但后者很快成为阴谋的牺牲品。在此之后，上层社会开始实行寡头统治，其范围相对较广，局势趋于稳定。

几乎与科林斯的库普塞鲁斯家族同一时期，奥萨戈拉家族（Orthagoriden）统治着邻近的西锡安（Sikyon）。关于奥萨戈拉（Orthagoras）及其继任者的信息十分贫乏，也不甚准确。更为人们所知的是这个王朝最重要的代表人物克里斯提尼（Kleisthenes，在位时间约前 600

至前 570 年)，史料中曾确证他与昔日友好邻邦阿尔戈斯之间的敌对关系。他还在西锡安内部抹除了一切会让人回忆起阿尔戈斯的痕迹，甚至连诗歌竞赛都不能幸免，因为阿尔戈斯的统治者在传统史诗中扮演了极为重要的角色。克里斯提尼还给多利安三大部族安上了具有贬损意味的名字。历史显然被添油加醋了一番，即使事关社会基础，一切全新的解读也只不过是猜测。总而言之，这说明了克里斯提尼正在削弱多利安贵族的势力。但他在其他城邦贵族中间的声望并未因此受到损害。年轻的贵族们在他的邀请下从四面八方赶来，向他的女儿阿伽里斯特（Agariste）求婚。来自雅典阿尔克迈翁家族（Alkmeoniden）的麦加克勒斯（Megakles）最终娶到伽里斯特。不久后，克里斯提尼去世。他的继承人姓名不详，且不久被推翻了。根据亚里士多德的说法，西锡安的僭主政治持续时间最长，达一百年。

墨伽拉的僭主政治较为短命。塞阿戈奈斯(Theagenes)于公元前 640 年获得了墨伽拉的统治权，他很可能得到了小农的支持，因为据记载，他杀掉了富人的畜群。但他本人后来也遭到了驱逐。

佩里安德在米利都（Milet）的同侪和挚友是色拉西布洛斯（Thrasybulos)。在米利都，铁腕统治之所以具有正当性，是因为这样可以抵御吕底亚（Lydien）王国的扩张。米利都在色拉西布洛斯的领导下成功地抵御了吕底亚人的进攻，从而使得吕底亚国王阿吕亚泰斯(Alyattes)与之媾和，并订立了盟约(时间约为前600年)。

关于小亚细亚其他地区及其周围岛屿上的僭主的记载较为模糊，部分内容还受到了后世对僭主的刻板印象的影响。诗人阿尔卡埃乌斯（Alkaios）出于愤恨，扭曲了莱斯沃斯岛（Lesbos）上米蒂利尼（Mytilene）的美兰克鲁斯（Melanchros）、米尔西洛斯（Myrsilos）和庇塔库斯（Pittakos）的形象。阿尔卡埃乌斯本人是旧民主的支持者，出于政治原因，他曾离开家乡一到两次，这段经历与同样出生在莱斯沃斯岛的女诗人萨福(Sappho）一样。但萨福在家乡教育上流社会的少女，以使她们为将来嫁做人妇做好准备。庇塔库斯可能只在阿尔卡埃乌斯及其朋友们的眼中才算是一名僭主，他曾与阿尔卡埃乌斯一同对抗美兰克鲁斯和米尔西洛斯，后来却同米尔西洛斯言和，米尔西洛斯死后，庇塔库斯被选为城邦的调解官（aisymnétes）。在制定完一项较为全面的法律后，庇塔库斯隐退。他获得了人们的高度评价，不久后被列为“古希腊七贤”之一。

西西里岛上也出现了僭主政治的最初萌芽。第一位有名可考的僭主是伦蒂尼的巴内修斯（Panaitios von Leontinoi，约前 610 年？）。而阿克拉加斯的法拉里斯（Phalaris）则以其残暴著称，因此成了暴君的原型。他于公元前 570 年获得了对这座建立仅十年的城市的统治权，虽然他在位时增强了阿克拉加斯的实力，但他却在十六年后被起义者推翻，并遭到杀害。西西里真正的僭政时代始于公元前 6 世纪末。

雅典人仅在公元前 7 世纪曾尝试建立僭主政治。出身贵族的库伦（Kylon）曾是公元前 640 年的奥林匹克运动会双向跑项目（2×192 米）的冠军，他在赢得比赛后的某一年，在一些同阶层的朋友及自己的岳父——墨伽拉僭主塞阿戈奈斯的一支援军的帮助下占领了雅典卫城，后来被人围困在那里。库伦本人逃脱了，而其他人只得投降，其中一些人被处死在他们藏身的圣所内（史称“库伦渎神事件”）。于是，罪责落到了执政官阿尔克迈翁家族的麦加克勒斯头上，后来很可能发生了激烈的战斗（是否因为当时存在血亲复仇的规矩？）。

这一系列事件有可能促成雅典颁布了第一批法律，即德拉古（Drakon，约前 621 年）颁布的法典。“德拉古式”的严刑苛法已经成了一句俗语，但这或许是人们的误解。他所颁布的法律中那些广为人知的关于复仇权的部分，实际呈现出的却是另一番面貌。一直以来人们习以为常的正当防卫权（血亲复仇）在德拉古法典颁布后得以规范。谁若想复仇，便需要得到法庭的允许。对于误杀以及双方和解，公元前 409/ 前 408 年的一段铭文记载了这方面的规定。从此以后，人们便可以区分故意杀人、过失杀人及免刑杀人（例如将被当场捉住的通奸者杀死）这三种情况。

德拉古法典似乎与负债法没有什么关系，此法极为严酷，成了德拉古之后一代人的一个沉重的社会负担，这使得人民选举了一位新的立法者——梭伦（Solon）。

梭伦的功绩以及生平在后人面前展示得更为清晰。他公开以诗篇表达个人观点，这些诗句被他人引用，从而部分流传下来。诗句描绘了穷人和富人之间横亘的深深的鸿沟，部分人负债累累，具体原因不详，不过可以排除一种过去曾广为流传的猜想，即铸币的出现使得农民的处境恶化。最早的铸币产生于公元前 7 世纪末的吕底亚和爱奥尼亚，这项发明很快传播开来，但雅典直到公元前 6 世纪以前仍未生产过自己的铸币。此外，身处纯自然经济中的人们也有可能陷入债务危机。目前学界正广泛争论“六一汉”（hektémoroi）的生存状况。这些人有义务上交自己收成的一部分，其收成按照当时普遍的度量单位划分为六份。

正是在这局势危急的关头，梭伦于公元前594/前593年被选举为执政官，同时还被推举为调解官（根据部分最新研究发现梭伦被选为调解官的时间还要更晚）。他推行极端的解除债务的措施［即“解负令”(seisáchtheia)］，废除“六一汉”制度，债主拥有抓走负债人，以及将因负债而被贩卖至海外为奴者赎回的权利，但却拒绝了重新划分土地的要求。对拥有土地的最高限额的规定（如果历史上真的存在过这一规定的话）也未能实行多久。因此，当时人们面对的紧张局势并未完全得以消除。不过大部分法律还是沿用了数个世纪，几乎涉及生活的各个方面。像对法制发展十分重要的措施，包括遗嘱对财产支配权的规定，其范围得以扩大，此外还引入了民众诉讼制度（Popularklage）。这里的诉讼权不只适用于人身权利受到损害的当事人，还包括在涉及公共利益的特定情况下，任何一位公民都有权提起诉讼。而后来缺少官方检察机关，这一制度更显得尤为重要。

梭伦还改革了国家的组织形式，他从军队中汲取经验，公民所享有的政治权利由等级划分决定，而划分等级的依据是粮食的收成，后来则变为货币收入。最低等级是雇工阶级（Theten），也可能包括贫困农民和手工业者，这些人无法为自己购置重装步兵的装备。有能力购置这类装备的 [最低收入要达到 200 或 150 麦斗 (Medimno)，一麦斗相当于容积为 52 至 53 升的一舍非尔（Scheffel）] 是有轭牲阶级（Zeugiten)。有轭牲阶级之上的是骑兵阶级（hippeis)，德语中通常称其为骑士阶层（最低收入为 300 舍非尔）。骑兵阶级中最富有之人若收入超过 500 舍非尔，便可被单独提升出来，称为"五百麦斗阶级"(pentakosiomédimnoi)。

只有五百麦斗阶级才可以担任执政官和司库，执政官任期满后进入亚略巴古议事会。前三个等级有资格加入新设立的四百人会议，然而目前关于四百人会议的历史真实性尚存在争议。第四等级则可以参加公民大会（ekklesía), 也可以参加新设立的民众法庭（heliaía)，有部分研究者甚至将其与公民大会等同。由于古典时代的陪审员不得小于三十岁，并且要经过宣誓，因此要加入梭伦时代的民众法庭可能也需要满足类似的条件。

在其他一些城邦，随着国家逐渐形成，人们也开始制定一些法律。南意大利最早的立法者被认为是洛克里斯的扎莱乌库斯（Zaleukos，公元前 7 世纪中叶？）。据史料记载，扎莱乌库斯引入了确定的刑罚条款，以牙还牙的做法 [反坐（Talion）] 也得到了运用。更为年轻的西西里卡塔纳的卡龙达斯（Charondas）制定的相关法律模糊不清，即使人们普遍认为他产生的影响已经超出了本城邦的范围。

只有克里特岛的哥太恩（Gortyn）制定的法律其原文被保存了下来，它被刻在一座公元前 5 世纪时期的城墙上。虽然该部法律中有部分内容已经显得有些老旧，但哥太恩社会代表了一个相对古朴的发展阶段，因此我们可以认定这部法律属于早期成文法之列。

这些成文法并不意味着人们编纂了完整的法典。以文字形式得到确立的首先是受到争议的或全新的内容。即便古老的规章以成文的形式得到了颁布，很大程度上也只是为了防止人们任意曲解这些规章。这样一来，官员便能更好地融入公民社区。

波斯扩张阴影之下的希腊

虽然僭主色拉西布洛斯尚能成功抵御吕底亚国王阿吕亚泰斯的进攻，保卫了米利都，然而吕底亚王国愈见强大，到了克罗伊斯国王（Kroisos）在位时期，吕底亚已经将小亚细亚地区所有希腊城邦并入了自己的版图(米利都尤其受到重视)。但是，吕底亚王国却成了迅速扩张的波斯帝国的第一批牺牲品。公元前 550 年前后，波斯人在居鲁士二世（Kyros II.）的领导下扭转了一直以来臣服于米底人（Meder）的局面（希腊人后来继续被波斯人称为米底人）。克罗伊斯先发制人，然而却败给了居鲁士（约前 545 年），之前归顺吕底亚人的其他希腊人也同吕底亚王国一起被并入了波斯帝国，米利都则表面上与波斯人订立盟约。统治希腊的人变成了臣服于波斯人的僭主，他们是受波斯人宠信的代理人。部分岛屿也承认了波斯人的统治。

萨摩斯岛（Samos）在这一时期（大约在前 538 年）才出现僭主政治，即波利克拉特斯（Polykrates）建立的僭政，他是最重要的僭主之一。他肆无忌惮地铲除了所有对手，包括最初与他一同执政的兄弟，同时还凭借海上大肆劫掠渔利，建立起海上霸权。丰厚的收益促使萨摩斯岛于公元前 6 世纪修建了一批大型工事：人们重建了被烧毁的赫拉神庙，为统治者修建了一座宫殿。此外还建有一座防波堤，以及一条水渠。该水渠穿过一段 1 045 米长的山中隧道，部分隧道用围墙围住，内部可供人通行 [修建者是墨伽拉的尤帕利努斯（Eupalinos）]。除去能干的建筑师，波利克拉特斯还将当时最负盛名的医生克罗托内的迪莫塞迪斯（Demokedes）以及泰奥斯（Teos）的诗人阿那克里翁（Anakreon）和雷吉翁的诗人伊比库斯（Ibykos）吸引到自己的宫中。与此相反，萨摩斯人毕达哥拉斯（Pythagoras）却流亡到意大利。波利克拉特斯的关系远至海外，例如他与埃及的阿玛西斯（Amasis）保持着联系。不过当波斯国王冈比西斯（Kambyses）于公元前525年占领埃及时，他却转向了强者一方。波利克拉特斯在时人眼中宛如奇迹般的幸运，在公元前522年戛然而止，他被波斯驻吕底亚总督诱骗至希腊大陆，并遭杀害，萨摩斯岛则由波斯人的臣仆继续统治。

波利克拉特斯夺权时得到了纳克索斯岛的吕戈达米斯（Lygdamis）的支持。而吕戈达米斯的统治地位则得益于雅典的庇西特拉图（Peisistratos），后者曾接受过吕戈达米斯的臣服。

梭伦改革没有实现他的本意，即长期阻止僭主政治的产生，而且他原本试图唤醒所有公民对城邦的责任感。经过一系列具体过程不甚明晰的斗争，最终形成了三支贵族势力及其追随者的三足鼎立之势。这三支势力即吕库古领导的“平原派”（Pedieís/Pediakoí），出身于阿尔克迈翁家族的麦加克勒斯（此人是承担库伦渎神事件罪责的那位执政官麦加克勒斯的孙子）领导的“海岸派”，

（Parálioi）以及来自东阿提卡布劳隆（Brauron）的庇西特拉图领导的“山地派”（Diákrioi/Hyperákrioi）。

庇西特拉图于公元前 561/ 前 560 年执掌政权（具体年份当然不一定准确），后来失势，而后又再次夺权。此时的他已同麦加克勒斯结盟，不久后却又被驱逐出雅典，在外流亡。他在色雷斯获得了金银矿，从而掌握了物资，由此得以借助外邦雇佣兵的力量东山再起。公元前 546/ 前 545 年，庇西特拉图在帕伦尼（Pallene）附近击败阿提卡军队，畅通无阻地进入雅典城。在这之后，他仰仗的依旧是雇佣兵，只不过此时的军中可能加入了雅典人。庇西特拉图显然拥有足够的群众基础，虽然他征收土地收益税，而这通常被认为是典型的暴君行径，但他在后世一直被视为农民的支持者。他向农民提供贷款，从而使农民摆脱了对富人的依附关系。庇西特拉图后来一直统治着雅典，再未受争议搅扰，一直到他于公元前 528/ 前 527 年死去，之后由他的两个儿子希庇亚斯（Hippias）和希帕克斯（Hipparchos）共同接管政权。

僭政时代的雅典经济飞速发展。人们开始铸造本城邦的货币，起初是盾形币，后来铸造的钱币正面是雅典城的守护女神雅典娜，背面则是雅典城后来的象征——圣鸟猫头鹰。大规模开展工程建设的主要是庇西特拉图的儿子们。梭伦开创的制度在形式上得以保留。但僭主要保证自己家族的成员及亲信担任城邦官职，部分贵族愿意配合，而另一些贵族就必须克制自己的野心了。除了色雷斯和马其顿的产业，庇西特拉图还将赫勒斯滂附近的西吉昂（Sigeion）纳入了自己的统治范围，并将自己的儿子赫格西斯特拉托斯（Hegesistratos，此子为庇西特拉图与一名阿尔戈斯女子成婚后所生）任命为西吉昂摄政。

波斯的扩张也殃及了庇西特拉图家族在海外的领地。公元前514/前513年前后，大流士一世（Dareios I.）出兵攻打居住在黑海以北的斯基泰人（Skythen）。波斯军队（其中包括被波斯人征服的希腊人组成的军团）经浮桥跨越了博斯普鲁斯海峡和多瑙河。斯基泰人逃入了腹地。而色雷斯的大部分地区落入波斯人手中，包括黑海西海岸及爱琴海北岸的一些希腊城邦，马其顿国王归顺了波斯人，希腊本土被笼罩在波斯帝国的阴影下。

后来发生在雅典的事件也体现了这一局势。庇西特拉图家族丧失了色雷斯的收益。与此同时，内部反对势力也逐渐强大起来。公元前514年，两名贵族，即哈尔摩狄奥斯（Harmodios）和阿里斯托革顿（Aristogeiton）主要出于个人原因谋杀了希帕克斯。而希庇亚斯将权力的缰绳更为牢固地攥在了手中。僭主政治的灭亡与外因的作用脱不了干系。

庇西特拉图的对手麦加克勒斯和阿伽里斯特（即西锡安的克里斯提尼之女）所生之子、阿尔克迈翁的克里斯提尼于公元前 525/ 前 524 年（此时仍为僭政时代）成为执政官，然而后来却流亡海外。他操纵德尔斐神谕，促使斯巴达插手雅典事务。公元前 511 年，斯巴达国王克里昂米尼一世（Kleomenes I.）登陆希腊本土未果，后来在公元前 510 年，他又率大军开拔，将希庇亚斯围困在雅典卫城，直至希庇亚斯同意前往西吉昂，因为他的家人已被俘虏。

针对如何改组城邦这一问题，克里斯提尼和伊萨哥拉斯（Isagoras）之间爆发了争端，后者希望建立寡头统治。伊萨哥拉斯于公元前 508/ 前 507 年被选举为执政官。但克里斯提尼凭借其主张的大众纲领得到了大多数公民的支持。为了支持伊萨哥拉斯，克里昂米尼再次插手，以库伦渎神事件为借口（此事是克里斯提尼的先辈所为）攻击克里斯提尼。克里斯提尼及其众多追随者只得逃离雅典。然而雅典人发动起义，克里昂米尼和伊萨哥拉斯不得不撤离。克里斯提尼终于可以实施规划已久的改革。

国家结构的基础是100多个“德莫”（Demos），即村庄和城区（“démos”在这一背景下应译作“民区”）。它们是一些拥有私产（主要是地产）的自治区，同时还设立了一个民区大会（agorá）和一名每年选举或抽选出来的区长（démarchos），并根据需求配备了数名司库及其他一些官员。由各德莫之名派生出的称呼“demotikón”（即“区名”）是公民个人及父辈的官方名称。无论人们实际居住地在哪儿，都可以继承父辈的区名。

所有的德莫又可以被划分为十个新部落，这些部落由克里斯提尼在四个旧部落（即“爱奥尼亚部落”）之外重新成立。为了使各地区能更好地整合为一个国家，克里斯提尼又按照一种特殊的方式组织部落，即每个部落包括的德莫会来自三个地区：雅典城及周边的平原区（Asty）、内陆（Mesógeios）及海岸区（Paralía）。这种组成部落三分之一领土的区划被称作“三一区”（Trittyen）。

新组建的五百人会议也以这一行政区划方式为组织基础。每年，会议成员会通过某种如今已不为人们所知的程序由抽签决定，但最初可能是由选举产生。各个德莫根据自身规模不同确定代表人数（各德莫确定一至二十二名会议成员——这是公元前4世纪的数字）。各部落的五十名代表组成一个团，每个一年任期会被划分为十个分期，各团通过抽签确定顺序，以会议委员会的身份在各分期内行使领导职能。这时候的五十名代表被称作“主席团”(Prytanen)，他们的任期则叫作“部团期”(Prytanie)。会议主席(epistátes)的任期仅有一天。公元前5世纪中期以前的五百人会议职能不详。会议最初的任务可能是为公民大会审议所有草案并预先作出决议。

那时候还没有“民主”(Demokratie)这一概念，我们无法准确地评价克里斯提尼在进行改革时怀有的主观目的，但由他实施的阿提卡政治改组打开了民主发展的大门。人们距离真正走进开放的民主空间还要等待数十年。但是，所有公民参与城邦组织的决定性一步已然迈出。

此时，公民军队的组织基础也是十个部落。公元前501/前500年以后，每年要以部落为单位选出十位将军(Strategen)。雅典急需组建军队，因为人们完全能预料到斯巴达将对雅典出人意料的变化作出怎样的反应。此外雅典还向驻萨第斯(Sardes)的波斯总督阿尔塔费尼斯(Artaphernes，此人是大流士一世同父异母的弟弟)派出了使者，请求与之结盟。为此，雅典在波斯的要求下承认了波斯的宗主权，但这一做法后来遭到雅典人抵制，也有可能是未得到雅典人的重视。

公元前506年，伯罗奔尼撒同盟以及优卑亚岛上的维奥蒂亚人和哈尔基季基人组成的联军入侵了阿提卡。但由于伯罗奔尼撒人与斯巴达国王之间意见不一（因此在这之后只由一名国王担任统帅），联军只能撤退。雅典人打败了维奥蒂亚人和哈尔基季基人，并在哈尔基斯地区建立了一处“军事殖民地”(Kleruchie)，即海外公民据点，若萨拉米斯岛（Salamis）上军事殖民地的建立时间不更早的话，这可能是第一处军事殖民地。

斯巴达企图重新拥立希庇亚斯，然而他在为此目的召集的（或许是首次？）同盟大会上没有得到任何支持。于是希庇亚斯转而寻求阿尔塔费尼斯的支持，后者援引雅典人之前表面上承认波斯宗主权的旧事，敦促雅典人恢复僭政，然而却徒劳无功。这段冲突或许部分解释了雅典在爱奥尼亚各城邦起义过程中所采取的行动。

第三章

古典时代

希腊文明的古典时代在政治领域的特征是公民社区充分发展为发达的城邦。公民对行政和司法事务的参与度在雅典民主制下达到了顶峰。雇佣劳动由奴隶承担是公民自由的先决条件。各城邦渴望得到更多的土地，并意图统治其他城邦，最终导致战乱频仍，并且战争常常与激烈而恐怖的内乱（stáseis）交织在一起。在整个古典时代，希腊与波斯帝国之间变幻莫测的形势深刻地影响了希腊人彼此间的关系。

希腊人抗击波斯帝国的战争

希腊城邦归顺波斯帝国后的前数十年里，人们未曾听闻希腊人有何不满。然而随后的历史走向却令人产生了这样的猜测：随着各城邦的自我意识不断增强，希腊人很快就感到自己对波斯人负有的臣服、纳贡和从军义务，特别是波斯人的残暴统治，都应当被抛到脑后了。

公元前 500/ 前 499 年，米利都僭主阿里斯塔格拉斯（Aristagoras）准备与总督阿尔塔费尼斯联手攻占纳克索斯岛。然而计划失败，阿里斯塔格拉斯名誉扫地，转而以攻为守。他呼吁爱奥尼亚人起身反抗波斯人以及受到波斯人扶植统治希腊的僭主。于是，“爱奥尼亚起义”爆发。

阿里斯塔格拉斯试图从希腊本土获得支持，然而只有雅典和埃雷特里亚分别派出了二十艘和五艘船只，而且这些船只也没有停留多久。公元前 497 年，起义扩大到博斯普鲁斯海峡地区，并一直蔓延至卡里亚（Karien）和塞浦路斯。不过实力远胜于希腊人的波斯人后来还是逐步夺回了自己的属地。公元前 494 年，波斯人在一场发生于米利都海域，莱德岛（Lade）附近的海战中击败了士气大为低落的爱奥尼亚人，包围并摧毁了米利都，并将城中居民流放至底格里斯河（Tigris）下游。阿里斯塔格拉斯则早已逃往色雷斯。公元前 493 年，波斯人征服了剩余的起义地区。

大流士一世的女婿、波斯指挥官马铎尼斯（Mardonios）没有恢复僭主们的头衔。公元前 492 年，由于舰队在阿索斯山（Athos，位于哈尔基季基半岛）附近海域遭遇风暴，损失惨重，他中断了在希腊北部的军事行动。反正马铎尼斯的主要目的是巩固对色雷斯的统治，并确保马其顿承认波斯的宗主权。

我们不清楚雅典方面对爱奥尼亚起义的反应如何。公元前 493/ 前 492 年，地米斯托克利（Themistokles）成为雅典执政官，此人在后来抵抗波斯人的斗争中扮演了极为重要的角色。至于他是否已经在同年开始为反抗波斯人做准备，这一点尚存在争议。公元前 493 年，米太亚得（Miltiades）返回雅典。米太亚得与叔父同名，是他的第二个继承人，曾在色雷斯的克森尼索 [位于加利波利半岛（Halbinsel Gallipoli）] 担任僭主。此时的他发现摆脱波斯统治方是正道。米太亚得古老的贵族血统、他所拥有的无与伦比的财富以及他对波斯人的了解，使得他看上去比地米斯托克利更富有领袖气质。

公元前 490 年，在米底人大提士（Datis）的率领下，一支波斯远征军从奇里乞亚（Kilikien）开拔，经海路朝着雅典和埃雷特里亚进发。埃雷特里亚遭遇了与米利都一样的对待。波斯人计划在雅典重新拥立年老的希庇亚斯，后者参与了此次波斯人的远征。波斯人在阿提卡东部登陆，进入了马拉松平原（Marathon）。雅典人和维奥蒂亚的普拉提亚人（Platäer）组成的重装步兵军队在那里迎战波斯人（拉刻代蒙援军姗姗来迟），他们在军事统帅之一的米太亚得的领导下取得了出其不意的胜利。波斯人返回了小亚细亚。此次反击没有对他们造成太大伤害。反正他们在这次远征中已经赢得了对基克拉泽斯群岛（Kykladen）的统治权。波斯人在接下来的数年里还有比向希腊人报仇更为急迫的任务，特别是当公元前 486 年大流士一世去世后，其子薛西斯（Xerxes）首先需要巩固自身的统治，并且还要忙于镇压埃及和巴比伦爆发的叛乱。

在此期间，雅典完成了一系列重大变革。公元前 489 年，米太亚得进攻帕罗斯岛（Paros）的海军行动失败，由于民众遭到蒙蔽，他被判处巨额罚金，后来死于帕罗斯岛之战中所负的伤。

公元前 487 年以后，由克里斯提尼创立的“陶片放逐法”制度（Ostrakismos）才真正得以实施。每年公民可以有一次机会指控一名行为不端的人，并将其名字写在陶片上。在保存下来的数千枚陶片中，有一些上面写有附注，这表明这项制度的实施方法有许多变体。在获得最低有效票数，即6 000票以上的人中，谁的票数最高（另一种说法是只要获得6 000票即可），谁就要被放逐十年，但他的名誉和财产不会受到损害。最初遭到放逐的是被怀疑同情僭政、亲波斯人［后一种立场被称为“里通米底行径”（Medismos）］的政治家：公元前487年是希帕克斯[①]；公元前486年是麦加克勒斯（出身阿尔克迈翁家族，克里斯提尼的侄子）；公元前484年是科桑西普斯（Xanthippos，此人是麦加克勒斯的妹夫，起诉米太亚得的人）；公元前483年是阿里斯提德（Aristeides，此人一度是地米斯托克利的竞争对手）。事实上，这项措施是借助非暴力手段消除各方势力之间敌对关系的一种方法。

在同一时期，雅典开始实行执政官抽选制度，人们预先选出100名候选人，通过抽签，从这些人中间产生执政官。最晚在这一时期，候选人也可以出身于第二收入等级。从此，执政官中再也没有出现过杰出人士，只

① 此人与庇西特拉图有亲戚关系。此人与上一章所述庇西特拉图之子希帕克斯并非同一人。——译者注

有由选举产生的将军中间才会产生伟人。随着民主制度的发展，政治领导职能越来越多地通过在公民大会上发表演说得以行使。

地米斯托克利的影响力与日俱增，在陶片放逐法的帮助下，他成为政治斗争中的胜利者。他拟定了一项攻打波斯的海战方案，[最先以攻打敌对的埃伊纳岛（Ägina）为借口] 组建了一支由三桨座战船（Triere）组成的庞大舰队。三桨座战船是一条配有三排橹手的先进长型战船（人们所熟知的，后来的标准船型一般配有 170 名橹手，外加 30 名船员，而此时的战船显然尚未达到这一标准）。舰队的开销来源于阿提卡东南部扩建后的拉夫里翁（Laureion）的银矿，那里丰富的银矿储量后来也成为雅典经济实力的基础。

波斯人自公元前 484 年起便开始进行大举入侵希腊的筹备，到了公元前 481 年，战争已不可避免。于是，多个预备抵抗的希腊城邦结成防御同盟，今称“希腊同盟”(Hellenenbund/Eidgenossenschaft)。同盟的军事领导权由斯巴达这支迄今为止最强大的力量把持。公元前 480 年，波斯陆军经浮桥越过赫勒斯滂（即达达尼尔海峡），朝着希腊方向进军。海路方面，陪同波斯军队一同入侵的是一支由腓尼基和爱奥尼亚军团组成的舰队，薛西斯亲自统领整支大军。

一小支希腊军队在斯巴达国王列奥尼达（Leonidas）率领下试图在温泉关（Thermopylen）附近——这是位于大海与山峦之间的马利亚湾（Malischer Golf）旁的一处关隘——阻止波斯人的入侵，同时向优卑亚岛北部的阿尔特米西昂海角（Kap Artemision）派出了一支舰队。列奥尼达与 300 名斯巴达人和 700 名来自维奥蒂亚的塞斯比阿人（Thespier）一同阵亡。海战的结果是希腊人撤退，希腊中部地区倒向了波斯人阵营，科林斯地峡成为最后一道防线，阿提卡的居民纷纷撤离。1959 年发掘于伯罗奔尼撒半岛的特罗曾（Troizen）的铭文（铭文的产生年代显然比记录的事件要晚得多），它记录了一项地米斯托克利提出的公民决议，其内容的真实性尚存在争议。地米斯托克利不顾大多数人的疑虑，成功说服斯巴达军队最高指挥官欧里比亚德斯（Eurybiades）在阿提卡和萨拉米斯岛之间的海峡与波斯舰队交战。希腊人使波斯舰队遭遇了惨痛的失败，薛西斯率余部返回亚洲，马铎尼斯率领的陆军则转移到了色萨利的过冬营地，双方仍未分出胜负。

公元前 479 年，波斯军队重新占领阿提卡和雅典，此时的雅典城遭到了最为严重的破坏。终于，双方在维奥蒂亚的普拉提亚（Plataiai）附近迎来了大决战。在斯巴达人帕萨尼亚斯（Pausanias，此人当时正代列奥尼达未成年的儿子行使摄政权，并且本人也年纪尚轻）领导下的希腊人费尽千辛万苦，并在幸运女神的关照下战胜了波斯人。

同样在公元前479年，希腊同盟的舰队在另一位斯巴达国王列奥提西达斯（Leotychidas）的率领下奔赴小亚细亚。此时的爱奥尼亚人已转而支持希腊人，在他们的帮助下，希腊舰队在萨摩斯岛对岸的米卡勒半岛（Mykale）附近击败了波斯人。随后希腊舰队继续赶往赫勒斯滂，然而波斯人修建的浮桥早已无影无踪，于是大部分希腊人返回了故乡。唯独雅典人及他们的新盟友包围了赫勒斯滂，并于公元前479至前478年之交的冬季占领了塞斯托斯（Sestos）。希腊人的统帅是之前流亡在外、后来被召唤回来的科桑西普斯。

雅典与斯巴达形成双足鼎立之势

抵御波斯人的战争结束了，在接下来的数十年里，雅典逐渐成长为一支强大的力量。它能够进攻波斯，并且成功威胁到了斯巴达在希腊诸城邦至高无上的地位。

而在公元前 480 年以前，斯巴达一直在希腊享有领导权。雅典称霸希腊影响到了该地区的经济和文化，这使得后人眼中的古典时代的希腊与雅典在形象上是重合的。

雅典新组建的舰队在希波海战中起到了决定性的作用，只有拥有一支强大的海军才可以维护爱奥尼亚人刚刚获得的自由。公元前 478 年，帕萨尼亚斯领导的同盟舰队仍然十分活跃。这支舰队解放了卡里亚和塞浦路斯的希腊城邦，接着继续前往博斯普鲁斯海峡。那里为新的发展方向开辟了道路。雅典人利用帕萨尼亚斯居高自傲的领导作风，促使对帕萨尼亚斯不满之人提议由雅典人来接手领导权。然而来自伯罗奔尼撒半岛的军团不愿意配合，他们返回了故乡。

此时的雅典人又建立了一个新的同盟，该同盟永久有效，其目标很显然是要谋求霸权，这就是“雅典人及战友”，常用的德文名为“阿提卡海上同盟”[①]（Attischer Seebund）。同盟成员主要是米卡勒战役胜利后加入希腊同盟的希腊诸岛民以及形式上尚不属于希腊同盟的赫勒斯滂人和爱奥尼亚人。这些成员需要能够长期抵御波斯的力量，而只有雅典可以保证提供给他们这样的支持。少数成员提供了自己的船只，例如萨索斯岛、纳克索斯

① 又称“雅典海上同盟”。——译者注

岛、莱斯沃斯岛、希俄斯岛（Chios）和萨摩斯岛。绝大多数小型城邦没有这样的能力，因为修建船只和雇佣船员需要长期而大量的资金。因此这类城邦选择按年缴纳数额较小的款项，以支持雅典舰队的开销。第一份关于成员费用的规定由将军阿里斯提德颁布。这种类型的组织对于当时的希腊是新鲜事物，参与伯罗奔尼撒同盟的城邦只是偶尔缴纳成员费。同盟金库所在地及同盟议会（每名同盟成员都有一票）地点起初设在享誉四海的阿波罗神殿所在的提洛岛（Delos），因此该同盟也被称作“提洛海上同盟”（Delischer Seebund）。由十名司库（Hellenotamiae）组成的金库管理委员会其成员一开始便只能由雅典来指定。阿提卡海上同盟最为关键的一个特征是，根据同盟内部霸权的组织结构，雅典将军掌握了一切执行权。雅典称霸对于其他城邦则意味着放弃独立自主的外交权和军事权。

与斯巴达之间紧张态势的结束主要是因为雅典的军事首脑十分重视雅典与斯巴达之间的友好关系，此人便是米太亚得之子客蒙（Kimon），一直到公元前 462 年他都在负责雅典的军事事务。在公元前 476 年及随后的数年里，客蒙在爱琴海北部消除了波斯统治的残余，同时也摧毁了斯巴达摄政帕萨尼亚斯亲自在拜占庭建立起来的统治。

帕萨尼亚斯后来还在波斯统治的特洛阿斯逗留了一段时间，被召唤回斯巴达后，他被指控里通波斯人以及勾结黑劳士，于是他逃入一座圣庙，最终被饿死在那里（前 470 年以后？）。列奥提西达斯国王据说因为收受贿赂而中断了对亲波斯的色萨利人的征伐，也因此被判处死刑，但他逃离了斯巴达，被免于死刑，最终在流亡途中死于帖该亚，王权暂时遭到削弱。而在同一时期，斯巴达陷入了与在阿尔戈斯、阿卡迪亚和厄利斯（Elis）出现的民主倾向的斗争，部分地区甚至爆发了公开战争。由此在斯巴达滋生出一种严重的抗拒心理，反对一切可能威胁到斯巴达秩序的事物。这样一来，斯巴达的秩序开始日益僵化，部分僵化的特征可能直到现在才开始显现。斯巴达和雅典在发展方向上逐渐分道扬镳，鸿沟日益加深。

不过双方最初还存在合作关系，这体现在对付地米斯托克利的行动上。地米斯托克利不再受欢迎，公元前 470 年经陶片放逐法遭到驱逐，起初他生活在希波战争期间保持中立的阿尔戈斯。帕萨尼亚斯死后，斯巴达称地米斯托克利与帕萨尼亚斯和波斯人相互勾结，成功地在地米斯托克利不在场的情况下判处他死刑。希腊全境开始通缉地米斯托克利，因此他经历了惊心动魄的逃亡之旅，最后得到了新任波斯国王阿尔塔薛西斯一世（Artaxerxes I.）的庇护（前465/前464年）；地米斯托克利成为波斯国王的封侯，一直统治着门德雷斯河畔的马格尼西亚（Magnesia am Mäander）以及小亚细亚地区归属波斯的其他几座希腊城市，直至去世。地米斯托克利的观点与公众意见相左，比起波斯，他更认为斯巴达才是雅典未来的敌人，因此可能早在公元前479/前478年，他便在雅典城周围修筑了一座新城墙，这引起了斯巴达的不满。

客蒙进一步扩大雅典的权力，并继续推进对波斯的战争。在公元前469至前466年之间的某一年，他经过海上和陆上作战，在潘菲利亚（Pamphylien）的欧里梅敦河（Eurymedon）河口大获全胜。经此一战，波斯人也在小亚细亚南部撤退。伴随着这一系列行动，雅典将更多城邦纳入了阿提卡海上同盟。然而同时也出现了最早的脱离同盟的尝试。早在欧里梅敦河战役之前，客蒙就再一次征服了纳克索斯岛，不久后又包围了萨索斯岛两年（前465—前463年），最后将其占领，这两座岛屿都不得不放弃自己的舰队。在包围萨索斯岛期间，雅典人将大约一万名殖民者带到了斯特鲁马河（Strymon/

Struma）下游，然而这些人在一次深入德拉贝斯科（Drabeskos）内陆的进攻行动中遭遇了色雷斯人的毁灭性打击。

斯巴达似乎曾私下答应向萨索斯人（Thasier）提供帮助，但一场大地震阻止了他们的计划，在这场地震中有很多人丧生，不久后又爆发了黑劳士起义（即第三次麦西尼亚战争，时间大约为公元前 464 年以后，具体时间尚存在争议）。起义者在伊托美山（Ithome-Berg）上修筑并加固了防御工事。终于，斯巴达人在向其他希腊城邦求援后，又特地前去请求精通包围战术的雅典人施以援手。客蒙不顾对手厄菲阿尔特（Ephialtes）的反对，派出了四千名重装步兵，自己亲自担任指挥（前 462 年）。然而这批士兵不久后又因为被怀疑有民主和亲麦西尼亚倾向而被遣返，也可能是因为他们的包围行动未能取得成功。

雅典人为此大动肝火，雅典的对外政策由此发生转变，而城邦内部对这一转变早有所准备。厄菲阿尔特借客蒙不在雅典之机，抑或趁客蒙声名扫地之时，实行变法，此次变法多被后人评价为走向激进民主主义甚至是彻底民主主义的突破口。不论动机如何，变法最终扩大了公民的参与度。亚略巴古议事会（其工作内容显然并不明确）的政治职能被转移到公民大会、五百人会议和法庭上，留给亚略巴古议事会的只剩下宗教职能以及谋杀、故意伤人和纵火方面的司法权。通过陶片放逐法，客蒙被流放（前 461 年），厄菲阿尔特不久后遭到谋杀，后者的政治职位不久后由伯里克利（Perikles）接任。

雅典与斯巴达决裂后不久便与斯巴达的敌人阿尔戈斯和色萨利结盟。除此之外，墨伽拉由于与科林斯存在边界冲突而退出了伯罗奔尼撒同盟，倒向了雅典的阵营。墨伽拉的投诚对于雅典而言具有高度的战略意义，因为伯罗奔尼撒人要想走陆路进攻雅典，只能取道由墨伽拉控制的地峡。这样一来就爆发了错综复杂的第一次伯罗奔尼撒战争（战争的具体时间不确定）。雅典起初的对手是科林斯和埃伊纳岛，最后终于开始与斯巴达外加维奥蒂亚作战。雅典人于公元前 458/ 前 457 年前后在维奥蒂亚的塔纳格拉（Tanagra）附近败于斯巴达人后，转而在欧伊诺菲塔（Oinophyta）击败了维奥蒂亚人，并在希腊中部建立起短暂的统治。雅典人征服了埃伊纳岛，将伊托美山上的麦西尼亚人迁至科林斯湾的纳夫帕克托斯（Naupaktos），而经历了连年战争的斯巴达只得任凭他们自由撤离。雅典人又经海路攻向伯罗奔尼撒半岛，并在半岛西部赢得了凯法利尼亚岛和扎金索斯岛（Zakynthos）这两个盟友。雅典城经由一段“长城”与自己的海港法勒鲁姆(Phaleron)和比雷埃夫斯(Piräus)相连，雅典由此成为一处无法攻克却又能自由入海的双重堡垒。

一次对抗波斯的惨败暂时动摇了雅典的霸主地位。公元前460年前后，雅典远征塞浦路斯，重新拉开了对波斯战争的序幕；然而却在塞浦路斯改变行程前往尼罗河三角洲，前去支持伊纳罗斯（Inaros）的叛乱行动；然后被围困在尼罗河上的普罗索皮提斯岛（Prosopitis），一年半后，这支远征军被消灭。或许是担心波斯舰队会进攻爱琴海海域，海上同盟在提洛的金库被迁往雅典，但实际上什么都没有发生。雅典人与伯罗奔尼撒人签订了为期五年的停战协议后，又派出了一支新的舰队，在返回雅典的客蒙的率领下再次前往塞浦路斯。客蒙在围攻基蒂翁 [Kition，今拉纳卡（Larnaka）] 时死在当地，不过雅典人在归属塞浦路斯的萨拉米斯岛附近取得了海战和陆战的胜利 [近法马古斯塔（Famagusta），前451/ 前450年]，这是史料可考的较长时期内的最后一次军事行动。《卡里阿斯和约》（Kalliasfrieden）的签订时间乃至历史真实性目前仍存在争议。该和约据说是以雅典一方的谈判者卡里阿斯（Kallias）命名的（其真实性存疑）。部分公元前 4 世纪的历史编纂者大赞该和约是一次伟大的胜利。大多数现代研究者遵循狄奥多罗斯（Diodor）的说法，认为和约签订于公元前 449 年；另一些权威历史学家则认为和约签订于欧里梅敦河大捷之后；所有研究者均提出了不同的协议，并认为自己提出的就是《卡里阿斯和约》。目前可以确定真实存在的只有一项公元前 423 年签订的协议——史称《埃庇吕科斯协议》（Epilykos-Vertrag），但无法确定该协议是否曾拥有过长期效力。

雅典与伯罗奔尼撒和维奥蒂亚之间后来又起战事，希腊本土局势危急。雅典自公元前 457 年起便控制了维奥蒂亚，随后当地爆发了起义。公元前 447/ 前 446 年，雅典派兵镇压维奥蒂亚起义，但雅典失去了对希腊中部的统治权。此外，墨伽拉和优卑亚岛也脱离了雅典控制。斯巴达军队在年轻的国王普雷斯托阿纳克斯（Pleistoanax）及其谋士的率领下进入了阿提卡，但之后他们又出人意料地返回了斯巴达。这样一来雅典至少能腾出手来重新征服优卑亚岛。而普雷斯托阿纳克斯则被判处高额罚金，因为他被指控收受贿赂，于是他逃到一座阿卡迪亚的神庙中寻求庇护，直到十九年后才被重新召回斯巴达。普雷斯托阿纳克斯逃亡后，斯巴达也并未重新投身战争。公元前446/前445年的冬季，雅典和斯巴达根据当前局势签订了一份为期三十年的和约（希腊语为spondaí，这便是现代意义上的停战协议）。雅典仅获得了埃伊纳岛和纳夫帕克托斯的统治权。相互竞争且代表不同社会政治体系的两大同盟从表面上看暂时和平共存了，若出现争端，可上诉至仲裁法庭裁决。

雅典人撤出维奥蒂亚的做法产生了意外的后果，即在维奥蒂亚业已存在多年的地区性同盟变为高效的同盟国家。政治权利的行使依赖于一定数量的产业。各城邦将拥有完全公民权者划分为四个议会，轮流处理日常事务，并共同组成公民大会，行使职权。而在同盟层面也存在一个被划分为四部分的议会。议会成员从各城邦中抽选，他们可以领取日薪。同盟领地被划分为十一个区，大型城邦包含多个区（居于领导地位的忒拜最终占了四个区），多个小型城邦则分别组成一个区。每个区选出六十名议员和一名维奥蒂亚执政官（Böotarch，这是同盟最高长官，任期一年），为军队提供1 000名重装步兵和100名骑兵。维奥蒂亚为代议制提供了一个有趣的范例，即根据古典时代的理念，代议制只能够出现在非所有公民都能直接参与大会的寡头政治体制国家中。

城邦民主制及雅典帝国

民主制的发展与雅典的对外扩张进程密不可分。厄菲阿尔特改革将成员终身任职的单一组织（亚略巴古）政治职能转移到多个每年都要进行改组的机构（五百人会议和法庭）上，这标志着雅典民主制得到了充分发展。大约在同一时期，普尼克斯山（Pnyx）上出现了一个能为公民大会提供六千余个座次的场所，这一现象的出现想必并非偶然。

在我们后人看来，民主制的充分发展——从文献情况来看其联系程度的确有些过于紧密了——离不开伯里克利长达数十年的影响，因此会有伯里克利时代的说法。伯里克利的母亲是克里斯提尼的侄女，因为母亲的关系，他拥有阿尔克迈翁的血统。他的父亲科桑西普斯于公元前 484 年依据陶片放逐法被驱逐，但又于公元前 479/ 前 478 年以将军的身份指挥雅典舰队。伯里克利本人则多次担任将军，自公元前 443 年起直至公元前 429 年去世那年，他每年都出任该职务。不过即使在没有担任任何职务的情况下伯里克利也以演说家的身份参与政治活动。

公民大会充当所有决策中心的程度越高，那些通过演说赢得民众认可并借此充当公民领袖的人便越能够获得更大的影响力。如若没有确凿无误的证据，我们便无法确定支持过厄菲阿尔特的伯里克利曾在多大程度上在幕后操纵当时的决策。即使身为将军，伯里克利也只不过是十位将军中的一位，他每年都要参与选举，并且要一再重新说服能够将自己罢免的公民大会（伯里克利曾在自己的倒数第二个任期遭到公民大会罢免）。

公元前 457/ 前 456 年，第三个收入等级被允许成为执政官。这样一来，亚略巴古议事会在失去原有政治职能后不久，其组织形式也逐渐趋向民主化，因为其成员构成最终由抽签来决定。此时的执政官不再承担政治领导职能，而是逐渐开始掌管法庭。军队领导权只能由将军把持，因为人们无法保证抽选出的军事执政官具备必要的军事素质。

起初铁板一块的民众法庭如今被分割为若干个法院（Dikasterien），这是因为厄菲阿尔特改革使得民众法庭的任务加重，并且不久后还需要处理海上同盟的事务。同样我们基本可以肯定这一时期的法官总数为六千人。法官每年从公民中抽签产生，在极少数情况下这六千名法官才会同时出庭，他们通常被划分到若干法庭，每个法庭至少得有上百人。这样数量庞大的法官群体被认为可以有效防止主观臆断和贪污受贿。伯里克利促使雅典引入日薪制度，每召开一天会议人们便可获得两个奥波勒斯（大约在前 425 年后涨为三个奥波勒斯）。议会成员和担任部分职务者获得的日薪各有不同，将军则没有报酬。

当时的主导思想是要使公民能够在最大程度上参与政务，抽签制的运用正是体现了这一思想。代表公民全体的不应当只有某一个相对稳定的活跃的政治家群体，公民本身应通过轮转的方式被纳入国家职能范畴中。行使国家职能者可以获得一份津贴（Diät），这成为雅典民主制的一大特征（这一现象在其他地方偶尔有之）。

公民身份日益成为不可忽视的同化因素。一部公元前 451/ 前 450 年由伯里克利颁布的法律强调了公民的地位：双亲皆为雅典人者方可成为公民。于是雅典人与定居在阿提卡的梅迪克人（Metöken），即外邦人之间的隔阂越来越深。梅迪克人中只有极少数属于异族，这些人甚至负有兵役义务，他们一般需要缴纳少量的人头税，且不允许拥有地产；他们可以租用土地，但大多数人还是从事手工业或贸易行业。获得自由的奴隶也属于梅迪克人。

雅典究竟有多少奴隶，这个问题时常被讨论。唯

——一份流传至今的数据称公元前 4 世纪末的奴隶总数为四十万人，然而这个数字如同其他城邦的数据一样并不可信。考虑到当时的经济及社会结构，占人口总数（当时雅典的总人口约为二十万至三十万）三分之一的奴隶数量已经十分可观。

阿提卡并非一片巨富的乐土。大多数自由民和公民同梅迪克人一样都是靠自己的双手独立劳作。人们不畏惧体力劳动，但避免为他人劳作。根据现有史料的记载，拉夫里翁的银矿因租借而掌握的奴隶数目最多（分别是 1000，600 和 300 人）。在其他经济领域，一个单独的经济体最多拥有几十个奴隶，许多小型农庄可能一个奴隶都没有。奴隶身份之所以不体面并非由于奴隶的生活水平低下，因为在这一点上他们与贫困的自由民几乎别无二致。更多的是因为人们对待奴隶就像对待未成年的孩子一般，把他们当作商品买卖。奴隶主不仅拥有奴隶的劳动力，还掌控了他们的命运。只有当奴隶受到虐待，他们才能上法庭申诉。这种身份带来的坏处也同样适用于其他身处有利条件下的奴隶。这类奴隶通常从事个体劳动，他们具备一定的行为能力，国有奴隶会充当书记员或公民大会的安保人员，因此，奴隶几乎无处不在。人们无法想象一个没有奴隶的雅典社会，因为所有超出家庭力所能及的劳动通常都由奴隶承担，而奴隶在人口中所占比重究竟是多少，这一点就显得不那么重要了。

即使没有自己的奴隶，雅典人也会间接地从奴隶制中获益。这些人无须缴税，民主国家通过向富人征税，特别是收取献金（leiturgía，意为“为民众提供的款项”）来为许多城邦事务的运转提供资金。最大数目的献金被用于武装战舰，并与名义上的战舰指挥权捆绑在一起[船主制度（Trierarchie）]。雅典人中富裕的上层人士理所当然地被称为“献金阶层”。

雅典城邦的财富不仅仅依赖于居民的劳作，还有大自然馈赠的银矿，这使得雅典比其他城邦更为幸运。雅典能够在大范围内用受到高度认可的阿提卡银币兑换进口货物。政治霸权地位也会带来收入。这样一来雅典不仅有能力组织一支强大的舰队，同时为充当橹手或在造船厂工作的较为贫困的雅典人提供额外收入，还能够投入巨资修建一些有代表性的大型建筑，这些建筑为雅典这座“阿提卡帝国”的中心增添了无上荣耀。公元前447/前446年人们开始修建帕特农神庙，公元前437/前436年开始建造通往卫城的巨大山门。要完成这样的任务单靠雅典公民是不够的，梅迪克人和奴隶在建筑领域必不可少，舰队招募的橹手则少不了来自海上同盟城邦甚至同盟以外的地区。

大约有一万名雅典人在海外殖民地找到了新的更优的生存基础，雅典建立这些殖民地是为了保护从黑海地区进口粮食的航线，同时控制或惩治与雅典为敌的同盟城邦。这些殖民地大多不具有独立性，它们通常是军事殖民地，其居民拥有雅典公民权，例如利姆诺斯岛（Lemnos）、伊姆布罗斯岛（Imbros）、斯基罗斯岛（Skyros）、优卑亚岛、安德罗斯岛（Andros）以及色雷斯的克森尼索。

阿提卡海上同盟愈加明显地成为雅典统治其他同盟成员的机器。自同盟核心组织于公元前454/前453年迁至雅典以来，昔日的同盟议会已不复存在。雅典公民大会制定的决议也约束了常被简称为城市的其他同盟成员。雅典还独揽了针对政治领域犯罪的司法权。自从同盟的资金被存放在雅典卫城以来，雅典娜神庙的金库便能从海上同盟获得六十分之一的成员费，此时这笔财富就变成了贡金。由于贡献给神庙的金钱数额被记录在石板上且部分得以保存（这就是所谓的贡金表，准确地说是贡金比率表），因此关于同盟构成及各成员需要承担的费用方面的信息相对完整。

雅典城的守护女神雅典娜成了整个帝国的女神。各同盟城邦因历史传统和虚构传说而被宣布成为雅典殖民地，对他们而言，参加每四年举办一次的重要节日活动——大泛雅典娜节（Große Panathenäen）是一项义务，通常在节庆中还要重新估定接下来四年的贡金。

除了贡金表之外，还有许多其他关于海上同盟或个别同盟成员的铭文被保存了下来。可惜铭文的时间无法确定，这使得学界对雅典帝国主义的发展争论不断。很显然，雅典逐渐收紧了对同盟的控制，时常任命专门的监督官员，派遣卫戍部队或引入民主宪法。贡金表和公民决议中出现了将统治区划分为多个区域的内容，这些区域是：爱奥尼亚区、赫勒斯滂区、色雷斯区、卡里亚区（该区很快被并入爱奥尼亚区）和海岛区。

意图叛乱的势力被迅速镇压，但征服萨摩斯岛花费的时间较长。萨摩斯岛曾与米利都（米利都也是海上同盟成员）因争夺普里埃耶（Priene）而交战，曾被雅典规劝，但不久后又在波斯总督的帮助下背叛了雅典（前441—前439年）；在此期间拜占庭也曾短暂脱离雅典的控制。被征服的萨摩斯人自然要放弃他们的舰队，不过大多数萨摩斯岛民众从此以后成为雅典最珍贵的盟友。

旧僭主时代的西希腊人

在希腊本土，尤其在现代史观中，雅典的优势地位是由历史文献记载及其在历史上产生的影响所奠定的，但西西里及意大利南部的希腊人也应该获得比以往更多的关注。

早在殖民地时代（约前 600 年），西西里就已出现了最早的僭主。一百年后，西西里开始了真正的旧僭主时代。这一时期有其自身的特色，其中一点便是僭主不与贵族对立。与之相对，在历史文献中，意大利南部部分专制政体被认为具有反贵族特征，部分这类政体的产生时间要早于西西里僭政的繁盛期。

在富得流油的城邦锡巴里斯，特里斯（Telys）夺权，并以广大民众利益的代言人自居。他的敌人前往邻邦克罗托内求助。统治克罗托内的寡头可能接受了毕达哥拉斯及其追随者的理念。毕达哥拉斯离开自己的故乡萨摩斯岛，在意大利南部建立了一个类似修会的组织，该组织将早期科学原理与神秘主义倾向联系在一起，同时具有突出的精英意识。最终，克罗托内战胜了锡巴里斯，并将一条河流引入该城（前 511/ 前 510 年），导致这座城市毁于一旦。不久，克罗托内也出现了以民众为载体的僭主政治，但它的持续时间十分短暂。深受毕达哥拉斯学说影响的寡头统治仍然持续了数十年。毕达哥拉斯本人则离开了克罗托内，最终死在了梅塔蓬托。

比起锡巴里斯和克罗托内的僭主，库迈的阿里斯托德莫斯（Aristodemos）更广为人知。他不满足于自己抵御伊特拉斯坎人及其他邻邦的功绩，在常胜军及伊特拉斯坎俘虏的帮助下战胜阿里恰（Aricia）之后，公元前505/前504年，他自封库迈之主，杀害了拥有很高威望的贵族，将政权寄托于雇佣兵。逃亡的贵族也招募了雇佣兵，他们于公元前491/前490年夺回城邦，杀死了阿里斯托德莫斯。

在这一时期，位于意大利最南端的雷吉翁也出现了僭主政治。一位名叫阿那克西劳斯（Anaxilaos）的上层人士于公元前494年夺取了政权，他出身的阶层是由最初来自哈尔基季基半岛的殖民者及第二次麦西尼亚战争末期迁入意大利的麦西尼亚人后裔组成的。阿那克西劳斯还控制了与雷吉翁隔海相望的赞克尔，并将其更名为麦萨纳（Messana），因为此地新迁入了麦西尼亚移民，并且阿那克西劳斯本人也是麦西尼亚人出身。

阿那克西劳斯侵入西西里的行径使得自己暂时陷入与杰拉僭主希波克拉底（Hippokrates）之间的争端，后者也征服了其他一些城邦。杰拉僭政的建立者是希波克拉底的兄弟克莱安德罗斯（Kleandros），建立时间是公元前 505 年前后。希波克拉底七年后成为克莱安德罗斯的继任者，政权的支柱是上层骑兵和雇佣兵，后来西西里的僭政也具有强烈的军事扩张色彩。人们通常认为这一特征产生的原因是敌对邻邦的存在，特别是西边的迦太基人。主张希腊人与蛮族是死敌的陈词滥调现在已经站不住脚了。

希波克拉底公元前 491/ 前 490 年以后的继任者、戴诺墨涅斯（Deinomenes）之子、骑兵头领格隆（Gelon）终于成功征服了叙拉古。格隆和他的兄弟们 [即戴诺墨涅斯家族（Deinomeniden）] 决定西西里的命运长达四分之一个世纪。公元前 485 年前后，格隆借叙拉古发生内乱之机占领了叙拉古。他将驻地迁到了叙拉古 [杰拉被格隆留给了自己的兄弟希隆（Hieron）]，强迫其他城邦的居民迁居叙拉古，为叙拉古成为西西里最大的城市乃至希腊最大的城市奠定了基础。随着时间的推移，叙拉古逐渐被扩建为一处驻防要塞。

格隆与从公元前 489/ 前 499 年开始与统治阿克拉加斯的僭主、出身显贵的埃门尼德家族（Emmeniden）的塞隆（Theron）交好。格隆还迎娶了塞隆的女儿达玛瑞特（Damarete）。大约在公元前 483 年，塞隆将僭主泰利洛斯（Terillos）从位于西西里北部海岸的城邦希梅拉驱逐出去。泰利洛斯前去寻求岳父——雷吉翁的阿那克西劳斯和收留了自己的迦太基东道主哈米尔卡（Hamilkar）的帮助。哈米尔卡于公元前 480 年率领一支迦太基大军前往西西里。格隆不得不向塞隆伸出援手，并在希梅拉斯河（Himeras）附近大获全胜。哈米尔卡战死。迦太基人不得不支付一笔巨额的战争赔款，不过他们保留了战前就已经获得的西西里岛西面的领土。传说，迦太基人曾事先与波斯人商定好，因此在希梅拉斯战役爆发的同时希腊人也与波斯人在爱琴海地区交战。不过这种说法应该是后人的附会。迦太基人与希腊人之间的和平持续了七十年，这意味着迦太基并不像人们通常所说的那样对希腊在西西里的殖民地构成重大威胁。

公元前 478/ 前 477 年，格隆的弟弟希隆继承了叙拉古的僭主之位，而统治杰拉的变成了三弟波吕扎洛斯（Polyzalos）。希隆一世在统治方面没有之前的格隆那么充满自信，他因推行严苛的安全维护措施而声名狼藉。希隆也曾迁移驻地，在今天的卡塔纳地区建立了一座新城邦埃特纳（Aitna），他将影响力扩大到了意大利南部。公元前 474 年，接受库迈请求的希隆一世在一场对伊特拉斯坎人的海战中取得了决定性的胜利，这场战役对罗马城的自由发展也具有重要意义。公元前467/前466年，希隆一世在埃特纳逝世。

后来，格隆的四弟色拉西布洛斯（Thrasybulos，此时波吕扎洛斯可能已经死去）成了城邦的独裁者，然而十一个月后，叙拉古人在其他城邦的帮助下（阿克拉加斯也在其中）将色拉西布洛斯驱逐出城，那些城邦不久前刚将自己从僭主的统治下解放出来。外来的居民返回了自己的家乡，雇佣兵也被武力赶出了叙拉古。

西西里僭政具有统治范围广、统治家族之间相互通婚、官方主导人口迁徙、大规模屠杀、奴役他人等特征，但它们也拥有宏伟的建筑和祭品，同时重视文学宣传。合唱诗人西蒙尼德斯（Simonides）、品达（Pindar）和巴库利德斯（Bakchylides）都曾奉命歌颂僭主的荣耀，甚至埃斯库罗斯（Aischylos）也曾在希隆一世的身边逗留，并为埃特纳的落成创作了一部戏剧。

推翻僭政后，各城邦采用寡头政治，甚至民主政治，叙拉古则开始部分模仿雅典的体制。值得注意的是，主要居住在西西里内陆的原住民西库尔人（Sikeler）曾到访，他们在杜凯提乌斯（Duketios）的领导下意图赢得自由和权力（前460—前440年），不过这只是西西里历史上的一个小插曲。不久后，西西里便被卷入了伯罗奔尼撒战争的洪流。

伯罗奔尼撒战争

公元前446/前445年，雅典和斯巴达携各自同盟签订的为期三十年的和约很快被证实无法延续下去，双方关系愈见紧张，最终以伯罗奔尼撒战争（前431—前404年）的爆发收场。伯罗奔尼撒战争原本是一系列的战役，后来在修昔底德的描述中被统一为一个整体。雅典人最终败北，古典时代希腊土地上最引人注目的强国就这样早早夭折。在修昔底德看来，此次战役是迄今为止希腊历史上规模最大的战争，它给希腊人带来了前所未有的创伤。

与之形成鲜明对比的是，战争年代同时也是文化繁荣的时代，而且恰巧是在雅典。雅典人重拾一度被中断的大型建筑的修筑活动，雅典卫城上诞生了胜利神庙（Nike-Tempel）和厄瑞克忒翁神庙（Erechtheion）。悲剧作家索福克勒斯（Sophokles）和欧里庇得斯（Euripides）的创作一直持续到公元前406年，他们的大多数被保存下来的悲剧都产生于战争年代。公元前5世纪，唯一的喜剧作家阿里斯托芬（Aristophanes）——我们也保留了一些他的作品——于公元前427年首次登上文学舞台。流传至今的最古老的阿提卡散文作品很可能创作于战争初期。这部作品署名色诺芬（Xenophon），是一篇反对雅典城邦民主制的战斗檄文。哲学家苏格拉底（Sokrates）没有留下任何文字，但他在整个伯罗奔尼撒战争期间都活跃于故乡雅典。智者学派代表阿布德拉（Abdera）的普罗泰戈拉（Protagoras）、凯阿岛（Keos）的普罗狄柯（Prodikos）、厄利斯的希庇亚斯（Hippias）和莱昂蒂尼的高尔吉亚（Gorgias）有时会在雅典讲学，阿布德拉的德谟克里特（Demokrit）可能也曾这么做过。记录希波战争的历史学家、来自哈利卡那索斯（Halikarnaß）的希罗多德尚能见证最初的战争岁月。

雅典人修昔底德撰写的是当代史，他有意识地将自己同希罗多德区分开来，将自己看作“政治学家”。修昔底德认识到，各城邦在权力方面的利益是政治事件的推动力。他认为眼前这场战争之所以爆发，归根结底是因为斯巴达惧惮雅典日益增长的实力。此外，雅典和斯巴达这两大霸主在开展行动时，都必须考虑自身在各自同盟中的领导地位。

战争爆发的直接原因起初只对斯巴达产生了间接影

响。斯巴达最重要的盟友科林斯在公元前435年陷入了与克基拉岛之间的战争，两座城邦分别支持共同的子城埃庇达诺斯内战中敌对的双方。克基拉岛人在岛屿南部的莱夫基密（Leukimme）山麓地带取得了胜利，但他们有理由担心科林斯会报复自己，于是一直以来从未结交盟友的克基拉岛人前去寻求雅典的支持。雅典人唯恐强悍的克基拉舰队倒向伯罗奔尼撒同盟，打破军事平衡，于是稍作犹豫后，他们决定与克基拉岛结成防御同盟，但该同盟在形式上不应破坏雅典与斯巴达之间为期三十年的和约。公元前433年，雅典舰队出手干预，在希波塔群岛（Sybota-Inseln，近莱夫基密对岸的大陆）附近夺走了科林斯人的胜利果实。与科林斯之间爆发的另一场冲突则发生在哈尔基季基半岛。海上同盟成员波提狄亚历来与母城科林斯交好，科林斯也定期向波提狄亚派遣一名高级官员（Epidamiurgen）。雅典要求波提狄亚与科林斯断交。科林斯则和马其顿国王佩尔狄卡斯二世（Perdikkas II.）一样竭力争取，使得波提狄亚及周边地区的哈尔基季基人和波提埃阿人（Bottiäer）于公元前432年脱离雅典。

出于不完全为我们所理解的原因，雅典制裁了墨伽拉人（即《墨伽拉法令》，内容是将墨伽拉从雅典的阿哥拉——此处应该理解为广义上的市场——以及帝国的港口排除出去），终于激怒了伯罗奔尼撒同盟。

一方面，若要维护自己的声望，斯巴达就再也不能对盟友的控诉坐视不管，况且科林斯甚至威胁要寻找其他盟友。另一方面，伯里克利说服雅典人相信任何形式的退让都会威胁城邦的统治。公元前432/前431年冬季的一系列谈判只不过是为了从外交和心理层面上为战争做好准备。斯巴达人要求驱逐对库伦渎神事件负有罪责之人的后代（这显然指的是伯里克利），雅典人则要求斯巴达人为帕萨尼亚斯之死赎罪。最终由斯巴达所提出的给予所有希腊人以自治权的要求极具分量，因为这一要求将会导致阿提卡海上同盟瓦解。雅典方面根据三十年和约，提议向仲裁法庭上诉，但这一建议却没能得到响应。

这样就出现了彼此敌对的两个阵营：一方是雅典及阿提卡海上同盟，外加普拉提亚、克基拉岛、扎金索斯岛（不久后凯法利尼亚岛加入）、西洛克里斯、纳夫帕克托斯以及阿卡纳尼亚［奥伊尼亚代（Oiniadai）不在其中］；另一方是斯巴达及伯罗奔尼撒同盟，外加维奥蒂亚、福基斯（Phokis）、东洛克里斯、安布拉基亚、莱夫卡斯和阿纳克托里翁。

公元前431年春季的第一次军事行动是忒拜进攻与雅典结盟的普拉提亚。随后伯罗奔尼撒联军在国王阿希达穆斯一世（Archidamos I.）的率领下入侵阿提卡，将这片广袤的土地夷为平地，而阿提卡居民都躲入了雅典比雷埃夫斯双重堡垒的城墙内。在随后的数年里又多次发生类似的袭击事件，由于最初的行动总是由阿希达穆斯一世指挥，因此战争的第一阶段被称为阿希达穆斯战争。斯巴达人原以为雅典人经受不住这样长时间的蹂躏。而伯里克利却寄希望于双重堡垒的牢不可破，并坚信雅典的海上霸权可以保证城中补给，同时雅典的海上实力也使得他们能够进攻伯罗奔尼撒半岛各港口。此外，伯里克利还认为敌军不久就会疲于作战。然而双方都打错了算盘。

出人意料的是，公元前430年雅典城中暴发了一场瘟疫（鼠疫）。虽说修昔底德对这场瘟疫有过细致的描写，但目前仍没有办法确定其来龙去脉。瘟疫持续了四年之久，其间，疫情时有波动，由于城墙内生活环境拥挤，更是加剧了疫情，最终瘟疫夺走了至少四分之一居民的生命。受害者中也包括伯里克利（前429年），他曾一度失去人民的支持而被罢免，但很快又被选举为将军。瘟疫也席卷了包围波提狄亚的雅典军队。波提狄亚于公元前 429 年投降。到了公元前 428 年，由斯巴达喊出的自由口号首次得以生效，莱斯沃斯岛上的米蒂利尼脱离了雅典的控制。雅典费了九牛二虎之力，在公元前 427 年重新征服此地，上千名被认定为主犯的人被处决；接替伯里克利担任公民领袖的克里昂（Kleon）差一点就下令处死所有男子、将所有妇女儿童贩为奴隶。土地被分给雅典军事殖民者，莱斯沃斯岛人则充当他们的佃农。

残暴的行为愈演愈烈。普拉提亚投降后，斯巴达人在一次“审判”中判处城中剩余的人（超过 200 人）死刑。在克基拉岛，民主派与寡头之间爆发了一系列前所未有的血腥战争，双方都动用了自己的奴隶；最终雅典帮助民主派取得了胜利。这场战争使得民主派倾向于雅典阵营，寡头则倾向于斯巴达，这一趋势在这之前并不那么明显。

公元前 427 年，为了维护那些对抗叙拉古霸权（叙拉古自古以来都与科林斯是盟友关系）的城邦的利益，雅典开始入侵西西里。然而战争的结果却是西西里各城邦暂时和解，而雅典海军被迫撤退（前 424 年）。另一次更为重要的行动是公元前 425 年在德摩斯梯尼将军（Demosthenes）率领下前往西西里的舰队的征伐，他们占领了麦西尼亚的皮洛斯附近的克里法松海角（Kap

Koryphasion)，在那里修筑了防御工事（目的是为了煽动黑劳士叛乱），随后又在对岸的斯法克蒂里亚岛（Sphakteria）上包围了一支420人的斯巴达重装步兵队伍。于是斯巴达准备和谈。但克里昂拒绝了斯巴达的和谈请求，并俘虏了292名幸存的拉刻代蒙人（其中有120名是斯巴达人）。这些人是雅典的人质，用以阻止伯罗奔尼撒人进一步攻打阿提卡。由于战争负担加重，雅典将同盟的贡金提高到了之前的三倍。公元前424年，尼基阿斯（Nikias）占领基西拉岛，加强了雅典对伯罗奔尼撒半岛周边海域的控制。但是就在同一年，雅典又遭遇了一系列失败。雅典人铤而走险，与维奥蒂亚人在得利翁（Delion）附近进行了一次陆上作战，却吃了败仗。斯巴达将领布拉西达斯（Brasidas）指挥一支部分由黑劳士组成的小型军队从陆上前往哈尔基季基半岛和色雷斯海岸，在马其顿的掩护下从雅典手中攻下了多座城邦，其中就有公元前437/前436年由雅典人建成的安菲波利斯（Amphipolis）。

公元前423年，双方签订了一份停战协定，然而哈尔基季基半岛上的斯基奥内（Skione）和门德（Mende）相继脱离雅典，使得协议成为一纸空文。直到克里昂和布拉西达斯双双在安菲波利斯附近的一场战争中阵亡

（前 422 年），《尼基阿斯和约》才于公元前 421 年得以签订（和约以主要参与签订的雅典将军命名）。这份和约的主要计划是恢复战前状态。伯里克利的战争目的看似最终达成。斯巴达的盟友拒绝承认这份和约，甚至使得斯巴达与雅典结成了防御同盟。

两份和约内容的原文都由修昔底德记载了下来，其有效期原本应为五十年，然而和约实际上并未生效。双方仅交换了俘虏，而所占领的城市并未交换。雅典人重新占领了斯基奥内，如同克里昂过去对米蒂利尼所做的那样，杀光了男性，将妇女儿童贩卖为奴。伯罗奔尼撒半岛上的局势则风云变幻，起先以阿尔戈斯对抗斯巴达为开端，后来雅典违背和约及同盟协定时利用了这一局面。此刻推动局势发展的力量是亚西比德（Alkibiades），他是伯里克利的外甥。由于父亲克莱尼阿斯（Kleinias）于公元前 447/ 前 446 年在克罗奈阿（Koroneia）早逝，他是在伯里克利家中长大的。早在公元前 418 年斯巴达于曼提涅亚（Mantineia）大胜，支持雅典的联盟（其成员有阿尔戈斯、曼提涅亚和厄利斯）便已瓦解。公元前 416 年，雅典人占领了竭力保持中立的多利安岛屿米洛斯（Melos），米洛斯居民遭遇了与斯基奥内人相同的命运。

公元前 415 至前 413 年西西里远征期间，雅典的扩张欲达到了顶峰，而这也是其欲望的转折点。塞杰斯塔[Segesta，又名埃杰斯塔（Egesta）]——该城由伊利米人（Elymer）建于前希腊时期，不过后来被希腊化了——向雅典求助，以抵御与叙拉古结盟的塞利农特，于是在亚西比德的运作下，雅典人试图利用这一机会夺取对西西里的统治权。他们派出了一支配备有陆军的前所未有的强大海军，但他们没有得到预想中那么充分的支援。而亚西比德刚一到西西里便因亵渎宗教而被召回雅典接受审判；他被指控与同伙在私人住宅中模仿厄琉息斯秘仪（Mysterienvon Eleusis）。除此之外，人们还诬陷他在舰队出发前在城中参与了残害众赫尔墨斯（即赫尔墨斯神的柱状胸像）的罪行。这一事件的来龙去脉始终没能查明，但当时却引起了巨大轰动，因为百姓不仅惧怕神明震怒，还担心有人会阴谋推翻民主制。不过，后来亚西比德逃往了斯巴达。

其他身在西西里的雅典将军则行动迟缓，延误了战机。包围叙拉古的行动来得太迟，也没有产生多少效果。斯巴达在亚西比德的建议下派出一名得力的军官古利普斯（Gylippos），让他率领少量船只和人员前去同雅典作战。雅典军队虽然得到增援，但天空突现月食（前413年8月27日），迷信的雅典人因此错过撤离岛屿的最后机会，于是在同一年，雅典军队遭到歼灭。雅典将军尼基亚斯和德摩斯梯尼被心怀仇恨的叙拉古人处死，其余俘虏则被关押在采石场。由于生存环境恶劣，许多人失去生命，余下的人则被卖为奴隶。

在这之前，爱琴海也再次爆发战事，起因是公元前414年雅典入侵斯巴达领土。斯巴达同样听从了亚西比德的建议，采用了一种全新的战术。公元前413年起，斯巴达便长期占有阿提卡的德凯利亚（Dekeleia，因此被称为“德凯利亚战争”），这使得阿提卡大部分地区局势很不稳定，雅典陷入长期被外敌包围的境地。

另外，雅典因为帮助一名叛乱的卡里亚君主，而与波斯人结下了仇怨。大流士二世委托驻萨第斯总督提萨斐尼（Tissaphernes）和驻达斯库里乌姆（Daskyleion）总督法尔纳巴佐斯（Pharnabazos）再次向爱奥尼亚各城邦征收赋税。公元前412/前411年，提萨斐尼促成了一系列与斯巴达的协议。斯巴达承认波斯对整个小亚细亚海岸的宗主权，由此换来用于支持一支强大舰队的据点和金钱。这样一来，斯巴达便在海上与雅典平起平坐，而在公元前431年根本不会有人想到这一点。雅典在小亚细亚及各岛屿众多城邦中的敌人利用这一有利时机，推翻了雅典的统治，脱离了雅典的控制（“爱奥尼亚战争”)。

雅典遭遇的一系列失败动摇了人们对民主政府的信任。最终在公元前411年，在全体海军士兵不在场的情况下，寡头得到公民大会形式上的同意，决定修订宪法。公民被哄骗，寄希望于波斯转移战线。亚西比德在与斯巴达闹翻后来到提萨斐尼身边，后者的政策是绝不允许任何希腊势力一家独大。雅典政权落到了一个四百人会议手中，然而这个政府却辜负了所有人的期望，也没有如约让五千名相对富裕者参与政权，这五千人的代表是特拉门尼（Theramenes)。军事败绩还在继续，优卑亚岛、赫勒斯滂和博斯普鲁斯相继失守，这威胁到雅典来自环黑海地区的粮食供应。后来寡头政府被怀疑犯下叛国罪，因而数月后被推翻，民主制逐渐得以恢复。

驻扎在萨摩斯岛的海军一直忠于民主制，他们选出自己的将军。亚西比德兜兜转转之后又加入雅典海军，并令战争进程真正发生转折。他与色拉西布洛斯获得多次海上胜利，特别是公元前410年在普罗波恩蒂斯（马尔马拉海）的基齐库斯（Kyzikos）大捷，再次打开了黑海的粮食运输航线。斯巴达考虑到自身的经济状况，甚至前来向雅典求和，但被雅典坚持民主制的新领导层[现在为首的是克里奥丰（Kleophon）]拒绝了，因为雅典似乎再次有望赢得战争。亚西比德恢复了名誉，于公元前 407 年（或前 408 年？）头顶胜利的光环返回雅典。

然而自同一年起，波斯加大了对斯巴达的支持力度。年轻的王子居鲁士二世得到专门授权前往小亚细亚，与新任斯巴达海军都统（Nauarch，即海军统帅）吕山德（Lysander）开展紧密合作。吕山德在靠近以弗所（Ephesos，前 407/ 前 406 年）的诺提昂（Notion）击败了亚西比德的一名副手，取得海上大捷。这葬送了无辜的亚西比德的指挥权，使他重新开始流亡（这一次他逃往自己在赫勒斯滂的领地）。

公元前 406 年，雅典人最后一次使出浑身解数，在阿尔吉努萨伊群岛附近（Arginusen-Inseln，此地位于莱斯沃斯岛和小亚细亚大陆之间）取得海上战役的胜利。在这场战争中，吕山德的继任者卡利克拉提达斯（Kallikratidas）阵亡。然而获胜的将军却在家乡遭到起诉并被处决，因为他们没能在风暴中救起落水的船员。此外斯巴达的媾和要求也遭到拒绝。

重新负责海战的吕山德最终决定了战局。公元前 405 年秋，双方舰队来到赫勒斯滂，在位于兰萨库斯（Lampsakos）和塞斯托斯之间的羊河 [即阿哥斯波塔米河（Aigospotamoi）] 边对峙。吕山德动用计谋，并利用雅典人的轻敌，几近不战就拿下了雅典海军。他处决了三千名雅典俘虏和他们的将军，以惩罚雅典已经犯下和将要犯下的战争罪行。随后，他将雅典守军清除出爱琴海地区，把他们送回了老家。第二年冬季，吕山德从海上封锁了已不具备抵抗能力的雅典城。饥荒迫使雅典于公元前404年春季投降，特拉门尼则从中斡旋。科林斯和忒拜要求彻底毁灭雅典城。斯巴达则考虑到希波战争中雅典做出的贡献，同意提出较为温和的和谈条件，即拆毁长城和比埃雷夫斯城墙；交出所有战舰，只留给雅典十二艘船；重新接纳被流放者；放弃所有海外领土；军事上无条件服从斯巴达。这些条件自然也意味着雅典强国地位的终结。

斯巴达霸权

伴随着雅典帝国的终结，希腊历史进入了长达数十年之久的混乱期，这一时期充斥着诸多独立事件，很难划分，其中尤为突出的是一些建立新霸权的短暂尝试。斯巴达起初在环爱琴海地区拥有无可置疑的统治地位，代表斯巴达的是一批军队的将领，为首的是吕山德，萨摩斯岛的寡头甚至将他视为神明来崇拜。雅典及其属地都变成了斯巴达的臣民，他们有义务无条件地随军并缴纳赋税。在必要的时候，斯巴达会设立驻军。民主制为寡头制所替代。吕山德更倾向于一种“十人执政”（Dekarchie）的统治形式。这是一个由十人组成的委员会，这十人仅代表了上层阶级的一部分人，该委员会更多代表的是个人权力意志而并非宪法的公正。当然历史文献对该制度仅进行了简要说明。

最为著名的是与十人执政类似的“三十僭主统治”，该制度是在缔结和约后不久，在吕山德的直接压力下组建而成；统治比雷埃夫斯的也是十人执政。起初占据权威性地位的是特拉门尼，如同公元前 411 年，他主张施行温和的寡头统治。很快他就被怀有激进思想的克里提亚斯（Kritias）及其堂弟查米德斯（Charmides，彼时他身在比雷埃夫斯）等寡头边缘化，随后被他们处决。三十僭主统治的基础是一支斯巴达派驻在雅典卫城的守军，他们号称是具有政府职能的立法委员会，但实际上正在逐渐转变为赤裸裸的暴力政权。该政权杀害了一千五百人，但它却无法令任何社会群体满意。只有拥有政治权利的三千公民才被允许继续居住在城中。

民主派流亡者主要集中在维奥蒂亚。当地舆论迅速转为反对过度强势的斯巴达。在忒拜领导下，组织严密的维奥蒂亚联邦意图在斯巴达面前维护自身的独立地位。因此反对三十僭主的武装斗争便以维奥蒂亚为据点，色拉西布洛斯为领导。战士们首先在阿提卡北部的费力（Phyle）附近占领了一处坚固的阵地，随后又攻下了比雷埃夫斯。但克里提亚斯和查米德斯在比雷埃夫斯爆发的巷战中阵亡，代替三十僭主执政的成了十人委员会。这一局势使得吕山德率一支雇佣军进行武装干涉，同时吕山德的兄弟利比斯（Libys）率一支舰队出现在比雷埃夫斯海域。然而国王帕萨尼亚斯派出了一支伯罗奔尼撒同盟军，并亲自出任指挥，阻止了吕山德，并促成了双方和解。公元前403年秋末，雅典恢复了民主制，但它在外交上仍严重受制于斯巴达。雅典内部实行大赦，唯有主犯没能得到赦免。寡头们被允许退守厄琉息斯，以特殊团体的身份继续生活在那里，然而到了公元前401/前400年，寡头们遭到了暴力清洗。

在一次著名的宗教审判中，陪审法庭的大多数成员毫不留情。公元前399年，苏格拉底被判处死刑，原因是他引入了新神祇，毒害了青年人，这体现出一部分雅典人精神上缺乏安全感。也许人们还想起克里提亚斯和查米德斯等寡头曾属于苏格拉底听众之列，可能这也导致了苏格拉底被判死刑。

这些年来，斯巴达领导层似乎认为应当抛弃吕山德和激进寡头的策略。各地的十人执政委员会被解散，这种组织主要出现在爱奥尼亚。年轻的居鲁士二世试图采用武力的方式来取代兄长阿尔塔薛西斯二世（Artaxerxes II.，前 404 年起为波斯国王），而斯巴达同爱奥尼亚各城邦一同为居鲁士提供便利。若不是因为居鲁士二世本人于公元前 401 年战死，那他的希腊雇佣兵便会在巴比伦的库那克萨（Kunaxa）为他赢得胜利。爱奥尼亚人和斯巴达人仓皇败走。于是自公元前 400/ 前 399 年起，斯巴达开始协助爱奥尼亚人抵御波斯人新一轮的报复。小亚细亚的一系列战争充分暴露了双方的劣势。斯巴达只会派出由斯巴达军官率领的新公民（Neodamodes，即为了满足军役需要而获得自由的黑劳士）和其他同盟城邦公民前去作战。作为居统领地位的城邦，斯巴达本身的公民人数过少。再加战乱、低出生率和土地集中等原因，斯巴达公民数量还在持续减少。

波斯帝国也并非真正强大。阿尔塔薛西斯二世尚未登基时，埃及便已脱离波斯，并成功坚持了独立。居鲁士二世的希腊雇佣军经由美索不达米亚和亚美尼亚，一直逃至黑海地区，最终逃回了家乡。这场“万人长征”曾被为首的战争参与者色诺芬详细叙述 [参见《长征记》

（*Anabasis*）]。公元前 396 年，斯巴达加大了在小亚细亚的兵力投入，并在国王阿格西莱（Agesilaos）的领导下获得胜利，于是阿尔塔薛西斯二世转而采用外交和金钱手段，在希腊培植反斯巴达势力，最终阿格西莱只得率部返乡。

在一次发生于希腊中部的小规模边境冲突中，洛克里斯人前去寻求忒拜的帮助，而福基斯人依靠的是斯巴达。伯罗奔尼撒战争中的战胜国的同盟内部终于在公元前 395 年爆发了公开战争。由于吕山德和帕萨尼亚斯配合不力，斯巴达在维奥蒂亚的哈利亚尔托斯（Haliartos）附近吃了败仗。吕山德阵亡，帕萨尼亚斯被起诉，并逃往帖该亚。雅典、科林斯、阿尔戈斯及其他城邦站在了忒拜一边（史称“科林斯战争”，前 395—前 386 年）。

虽然斯巴达于公元前 394 年在维奥蒂亚近科林斯的奈迈阿溪（Nemeabach）和克罗奈阿附近取得了胜利，但它在小亚细亚西南端的克尼多斯半岛（Knidos）的海战中将制海权输给了由总督法尔纳巴佐斯和雅典流亡者科农（Konon）率领的波斯舰队。公元前 393 年，科农将波斯援军带往雅典，让他们协助重建刚开工的城墙工作。雅典人重新争取到利姆诺斯岛、伊姆布罗斯岛和斯基罗斯岛等岛屿，这对于保护黑海粮食运输航线极为重要。公元前 392 年，科林斯爆发了一场血腥的民主暴动，科林斯与阿尔戈斯合并，后来统一成一个国家。

随后的战争进程则变幻莫测。最终斯巴达谈判人安塔西达（Antalkidas）成功说服波斯撤军。公元前 386 年，第一份适用于所有希腊人的“普遍和约”得以签订（史称《安塔西达和约》或《大王和约》）。和约表达了波斯国王的意愿，包含了安塔西达之前提出的建议：“大王阿尔塔薛西斯主张亚细亚各城邦、克拉左美奈（Klazomenai）和塞浦路斯诸岛应归属大王，而其他希腊城邦，除利姆诺斯岛、伊姆布罗斯岛和斯基罗斯岛，无论大小，都应保持自治；这些城邦应遵照传统，继续归希腊人所有。不接受此和约者，吾将率志愿军，募集船只及金钱，从陆上及海上，予以讨伐。”

和约中包含的自治条款帮助斯巴达重建了霸权。科林斯–阿尔戈斯同盟和维奥蒂亚联邦都遭到解散。公元前 382 年，斯巴达人的盟友将忒拜城堡出卖给了斯巴达。当时伯罗奔尼撒军队正在前往哈尔基季基半岛的途中。城邦奥林索斯（Olynthos）在哈尔基季基建立了一个庞大的联邦国家，即哈尔基季基同盟。斯巴达应求援的邻邦要求，于公元前 379 年完成了击溃哈尔基季基同盟的目标。此时的斯巴达达到了权力的顶峰。早在此次远征行动的初期，斯巴达便将统治区域划分为十个区，这些区对巩固斯巴达的军事权力基础负有同等的义务。

第二次阿提卡海上同盟及忒拜霸权

斯巴达战胜奥林索斯的这一年迎来了首次逆转。忒拜的民主派悍然发动突袭，将自己的城邦从斯巴达驻军的手中解放。随后，维奥蒂亚也再次联合成一个国家，各城邦之间的联系比之前由全体公民直接组成的民主大会还要紧密。忒拜也因此获得了更为强大的优势。

与此同时，在少数同盟率先建成之后，雅典也建立了第二次阿提卡同盟。该同盟针对的显然是斯巴达，但它明确表示尊重波斯的利益。新同盟的所有决议都由一个不隶属于雅典的同盟议会和雅典公民大会共同作出。公元前 377 年初，召开的一则公民决议内容被铭文记载了下来。决议保证同盟成员拥有充分自治权，可以自由选择宪法，雅典不会在各城邦驻军，也不会派遣监察官，并免收贡金，雅典不会在同盟成员领土内占据任何土地，在第一次海上同盟中引发不满的一切都应避免。

第一批成员中就有忒拜人。费莱（Pherai）僭主伊阿宋（Iason）也以个人身份短暂加入同盟，他被选举为同盟军统帅，从而获得整个色萨利的统治权。后来他又凭借手上拥有的大片土地，许以高薪，招募了众多一流的雇佣兵，组建了希腊最强悍的军队。伊阿宋显然志存高远，甚至有进攻波斯帝国的打算。然而他在公元前 370 年遭到谋杀，统一的色萨利又再次分崩离析。

在这之前，希腊中部和南部的颠覆活动就已完成。忒拜、雅典和斯巴达经过数年的厮杀，终于在公元前 371 年再次相聚在斯巴达，召开和谈会议。在会上，斯巴达又一次以《大王和约》中的自治条款来对抗维奥蒂亚联邦，它禁止忒拜的维奥蒂亚执政官伊巴密浓达（Epameinondas）代表整个维奥蒂亚签署和约，伊巴密浓达因此拒绝接受这份和约。斯巴达立刻派出一支军队前往维奥蒂亚。然而在留克特拉（Leuktra），伊巴密浓达率领维奥蒂亚人运用了特殊的战术，在重装方阵左翼采用了少见的阶梯式纵深阵形（“斜形阵”），给予斯巴达军队毁灭性的打击。七百名斯巴达人中有四百人阵亡，其中包括斯巴达国王克莱昂伯罗图斯（Kleombrotos）。斯巴达遭到削弱，这使得伯罗奔尼撒同盟内部开始瓦解，并伴有内部寡头与民主派之间的血腥斗争。阿卡迪亚人结成了一个新的联邦国家（koinón），并请求伊巴密浓达帮助抵抗斯巴达（前 370 年）。虽然伊巴密浓达率军穿过了拉科尼亚，但大多数庇里阿西人还是站在斯巴达一边，甚至拉科尼亚的黑劳士也是如此。麦西尼亚人则发动了叛乱，并在忒拜和返回的流亡者（以及流亡者的后代）的帮助下建立了自己的国家（前 369 年）。斯巴达失去了大部分的经济基础，虽然斯巴达人很久以后都无法承认这一残酷的现实，但最终他们只得默认盟友与维奥蒂亚签订和约。

忒拜的夺权使雅典人忧心忡忡，于是在公元前 369 年，雅典与斯巴达组成防卫同盟，随后又在公元前 366 年与阿卡迪亚结盟，使得雅典得以在爱琴海地区巩固自己的地位。而此时波斯的注意力则被小亚细亚爆发的总督叛乱所转移。第一次海上同盟的理念及实践再次复苏，比如在公元前 365 年，雅典人将波斯驻军乃至萨摩斯人驱逐出萨摩斯岛，转而将数千名军事殖民者分批迁至岛上。

虽说忒拜也极力想成为海上强国，但它并未成功。随着伯罗奔尼撒半岛矛盾升级，阿卡迪亚同盟分裂。曼提涅亚领导的北阿卡迪亚与厄利斯、亚该亚、弗利奥斯（Phlius）组成了一个反维奥蒂亚的联盟，雅典和斯巴达也加入其中。公元前 362 年，维奥蒂亚军队在曼提涅亚附近战胜联盟军，但伊巴密浓达战死，而忒拜霸权过分依赖于伊巴密浓达本人，于是双方缔结了“普遍和约”。

雅典未能从矛盾的终结中得到什么好处。很快，重要的盟友退出，一同组成了另外一个独立的联盟。包括：希俄斯岛、罗德岛、科斯岛（Kos）和拜占庭（前357年）。卡里亚君主摩索拉斯（Maussolos）也在暗地里参与。雅典夺回这些地方的企图未能实现（史称“同盟者战争”，前357—前355年）。不久后，莱斯沃斯岛也退出了海上同盟，剩下的城邦中不再拥有重要的势力。一些雅典政治家开始思考雅典面临的全新局面，特别是欧布洛斯（Eubulos），他关注的是雅典经济体系新秩序，他以“观剧基金”（Theorikon）主管的身份推行的经济政策很明智，这帮助雅典经济暂时得到复苏。

希腊各城邦国家的组织形式恰好也在公元前4世纪阻碍了大规模的持续兼并，各城邦最终不得不向另一个强国低头，这就是马其顿。

面对雅典强权政治的衰落，我们应当注意到，雅典民主制在公元前4世纪得到了最终完善，其突出特征是陪审法庭占据了核心地位，在有些方面陪审法庭的地位甚至要高于公民大会。当代学界多将其看作对民主制的束缚，但亚里士多德等同时代观察者则更倾向于将陪审法庭视为民主制的最终结果。事实上当时几乎每天都有数百乃至数千名业余法官活跃于陪审法庭，大多数私人争端需首先递交至“四十人团”或仲裁人(diaitetaí)裁决。所有公民都有义务在服满兵役的最后一年，即五十九岁时承担仲裁人职责。若是仲裁失败，案件就应被转交至二百人以上的陪审法庭（Dikasterion)。在处理涉及公共利益的案件（例如刑事诉讼）时，则需要五百或数倍于五百的人数出庭。每天早上要重新抽签确定法官，以防止有人一手遮天。为了能迅速划分庞大的公民人数，人们发明了一种抽签装置（目前已发掘出这种装置的残件，此外还有多块使用过的充当法官证的青铜板)。法官在审判时不会对案件进行事先了解，仅靠听取当事人的现场辩论进行审判，彼此之间不会商讨。诉讼当事人不得由他人代表，必须亲自进行诉讼，但允许接受专业演说家的帮助，他们的部分演说词以文集的形式被保存了下来[例如吕西亚斯（Lysias)、伊塞优斯（Isaios)和德摩斯梯尼等人的演说词]。

公元前355年，原本负责政治案件的公民大会将这一职能转给了陪审法庭。早在公元前5世纪的最后三十年，提案人就能够通过控诉违反法律而定公民大会的决议无效。人们所知的第一例该类型的控诉会与最后一次陶片放逐事件同时发生（前415年)。这也许并非偶然，控诉会被证实是更易操作的斗争手段。

自世纪之交重建民主制以来，法律便在概念上与公民决议清楚地区分开来。制定法律的职责被移交至立法者委员会，委员会的人员构成与法庭一致（可能至少有500名抽选出的陪审法官），其做出决策的程序类似法庭审判程序，或许这也可以避免公民大会做决议时操之过急。在立法者委员会也可以对提出不恰当法案的提案人进行起诉。如果起诉成功，该法律便会作废。

公民大会依然保留了足够的决策权，它也需要在立法者之前引入决策程序，并决定立法者的任命。公元前4世纪中叶，公民大会在每个部团期召开四次，一年便是四十次。自九十年代起，参与公民大会者需缴纳会费（也许需要缴费的仅是参与某些表决所必需的六千人）。公民大会要处理复杂的外交事务，特别是要确定对马其顿应采取怎样的态度。

新僭主时期的西希腊人

与希腊本土不同，西西里的命运主要由一座单一的城邦——叙拉古——的谋求霸权的行为和该城与西西里西面的迦太基人之间的关系决定。叙拉古人和迦太基人并非世仇，他们是因希腊人而卷入争端，自公元前480年格隆战胜后，他们已度过了数十年的平静日子。导致雅典公元前415年远征西西里的是塞杰斯塔，而迦太基拒绝提供援助。

到了公元前410年，面临同样情形的迦太基人却同意了塞杰斯塔的又一次求助，并逐渐加大兵力的投入。公元前409年，迦太基摧毁了塞利农特和希梅拉（这也是为了报前480年那场失败的一箭之仇），公元前406/前405年，迦太基又连续攻下了阿克拉加斯、杰拉和卡玛利纳，这已经威胁到因政治派系斗争而四分五裂的叙拉古。二十五岁的狄奥尼西奥斯（Dionysios I.）拥有蛊惑人心的手段，他使人们相信当时的统治阶级应对这一系列败绩负责，并推选他为享有全权的将军，代替之前的将军委员会。不久后狄奥尼西奥斯便给自己配备了一支近卫军（前405年），一直到他死去，他都没有再让权力旁落。

如同西西里旧僭政，新建立起来的僭主制度也带有浓厚的军事色彩。狄奥尼西奥斯首先通过一份和约让叙拉古安定下来，并巩固自己的统治。在这份和约中他承认迦太基人对伊利米人、西坎尼人（Sikaner）及几座希腊城邦的管辖权，并认可其他城邦及西库尔人的自治权。

为了复仇，狄奥尼西奥斯进行了充分的准备：他将城市扩建为一座极为坚固的堡垒，生产武器及现代化攻城设施，建立了一支由三百个作战单位组成的海军。狄奥尼西奥斯逐步夺回对其他城邦及西库尔人的统治权，并在完成扩军备战后于公元前 397 年进攻迦太基人，最终目的是将他们从西西里岛驱逐出去。战争十分惨烈，整个过程无比曲折，叙拉古损失惨重，这大大出乎了狄奥尼西奥斯的意料，但在公元前 392 年签订的和约中，迦太基只获得了西西里西北角，大部分土地仍落到了狄奥尼西奥斯手中。

紧接着，狄奥尼西奥斯便以盟友洛克里为据点，迅速将势力范围扩张至意大利南端。他在亚得里亚海和科西嘉岛沿岸建立了海军和贸易据点，悉心经营与已经侵入阿普利亚（Apulien）的凯尔特人之间的关系（另一支凯尔特人则在前 387 年暂时占领了罗马）。狄奥尼西奥斯的舰队在伊特拉斯坎的城市凯列（Caere）的港口皮尔基（Pyrgoi）拦路抢劫。叙拉古与斯巴达一直保持友好关系，双方有时会相互支持，然而直到狄奥尼西奥斯去世前夕，叙拉古才与雅典结盟（前 367 年）。

公元前 383/ 前 382 年，叙拉古与迦太基之间又爆发了一场新的战争。挑起战火的可能是狄奥尼西奥斯，这场战争持续到公元前375年才结束，其结果是迦太基的领土扩大，而狄奥尼西奥斯对公元前368年策动的最后一场战争再无回天之术。公元前367年，狄奥尼西奥斯去世，死前没能达成他的目标。

狄奥尼西奥斯在拯救希腊文化上是否立下了汗马功劳，对此我们不得不表示怀疑。而且僭主政治的形象甚至给这一政权打上了反动的烙印。狄奥尼西奥斯将叙拉古的子城奥提伽岛（Ortygia）改造成自己的私人堡垒，并命自己的手下对其进行监视。在军中和舰队服役的多为雇佣兵，他们中有许多人来自意大利南部。同时他也像昔日僭主一样使雇佣兵成为公民，并组织移民。他以极为个人化的方式，在亲朋好友的协助下实施统治，同时他还拥有两名妻子，也按照王族通婚理念将女儿们嫁给近亲。

他的儿子及继承人狄奥尼西奥斯二世（Dionysios II.）个性柔弱。而狄奥尼西奥斯一世的内弟兼女婿、与狄奥尼西奥斯二世共事的狄翁（Dion）则性格更为强悍。来自雅典的哲学家柏拉图曾试图借助狄翁的帮助实现自己的国家理念，然而却失败了。与此相关的历史文献有很多存疑，这一事件的历史真实性主要依据对柏拉图第七封书信真伪的鉴定。公元前366年，狄翁不得不离开西西里。

到了公元前357年，正当僭主身在意大利时，获得迦太基支持的狄翁领雇佣兵返回，引发了十年混乱。在战乱中，公元前354年，狄翁除掉了一名一直陪伴自己的战友，自己却被另一名战友杀害。公元前347/前346年，狄奥尼西奥斯二世重掌政权，然而今日情况已不同于往日，因为叙拉古对西西里东部的霸权已在战乱中丧失，多地建立起本土的僭主统治。

不久后，局势发生了深刻的变化。公元前344年，科林斯人应西西里发出的求救呼号，派出泰摩利昂（Timoleon）率领的一支小型雇佣军。泰摩利昂意图靠突袭取胜，各地僭主纷纷逃亡，部分僭主被处死，另一些则流亡他乡，其中包括狄奥尼西奥斯二世。迦太基的干预则在公元前342年或之后在克里米索斯河（Krimisos）遭到挫败。泰摩利昂领导了西西里的重建工作，他带来了众多移民，用以补充西西里岛急剧减少的人口。公元前337年，已经失明的泰摩利昂引退，过着隐修的生活。西西里局势暂时得以稳定，经济发展甚至持续了多年，也并未建立僭政。

相反，希腊人统治的意大利南部在公元前5世纪就不断受到从山地来的古意大利各部族的压力，尤以萨莫奈人（Samniten）和卢卡尼亚人（Lukaner）为甚。整个经过的细节不太为人们所知。公元前 431 年，最古老的希腊城邦库迈被萨莫奈人统治。公元前 400 年前后，波塞冬尼亚被卢卡尼亚人所占领（后来该城得名“帕埃斯图姆”）。僭政终结的叙拉古不再是有影响力的盟友。在塔兰托的请求下，斯巴达国王阿希达穆斯三世（Archidamos III.，前 344—前 338 年在位）和生活在伊庇鲁斯（Epirus）的摩罗西亚人的（Molosser）国王亚历山大（前 333—前 330 年在位）都曾远征西西里，但结局都是失败，并且这两人都在战争中阵亡。意大利南部后来的命运便与罗马的扩张联系在一起。

马其顿的崛起

马其顿位于希腊世界的边缘。马其顿人的语言仅有少量语句流传至今，这是一种深受伊利里亚语和色雷斯语影响的希腊方言，难以为其他地区的希腊人所理解。他们也对马其顿人的生活方式十分陌生，这是因为马其顿人长期远离希腊文化圈的发展。这个国家发展程度较低，不具备以城邦为组织形式的政体。居民主体为农民，地方各区由贵族统治，在部分地区他们实行类似君主统治的管理模式，王位可以在阿吉德家族（Argeaden）内部世袭，因此军队大会形式上拥有的选举权十分有限。自公元前 5 世纪初，马其顿国王开始接触希腊文明。亚历山大一世（Alexander I.，约前 497—前 454 年在位）使希腊世界承认自己的家族拥有希腊血统，由此获得了参加奥林匹克运动的资格。亚历山大一世的继承人阿奇拉（Archelaos，前 413—前 399 年在位）将杰出的希腊诗人和艺术家吸引到自己的宫廷，其中就有悲剧作家欧里庇得斯。阿奇拉专注于改善军队组织，修建街道和堡垒，引入波斯标准的铸币，并将都城从埃格 [Aigai，直到 1977 年在维尔吉纳（Vergina）附近发现王陵才真正确定该城的位置] 迁往佩拉（Pella）。然而阿奇拉死后，面对各地贵族以及希腊和蛮族邻邦，马其顿中央权力陷入困境。公元前 460 年国王佩尔狄卡斯三世（Perdikkas III.）与数千名手下在与伊利里亚人（Illyrier）的战争中阵亡，这使得马其顿陷入了灭顶之灾。

顶替佩尔狄卡斯三世未成年幼子执掌王权的是王子年仅二十四岁的叔父腓力二世（Philipp II.），他迅速排挤掉所有竞争对手。腓力二世还成功将有权势的贵族并入马其顿政权，使得马其顿成为令人叹为观止的军事强国。骑兵在进攻和追击中扮演的重要角色也展现了贵族的强大实力。他们拥有荣誉头衔“hetaíroi”（意为“国王的‘伙友’”)。由农民充当的步兵也被升格为“pezhétairoi”(即“伙友步兵”)。配备有长矛的马其顿阶梯式重装方阵比一般方阵更为纵深(分为十六列以上)。同时，腓力二世在忒拜的伊巴密浓达身边充当人质时学会了斜形阵。与重装方阵和骑兵一同作战的还有轻型部队。除了在本地招募兵力，腓力二世还培植了许多雇佣兵。他十分关注包围战术领域所取得的一切成果。

马其顿发动的第一波战争其对手是伊利里亚人和色雷斯人。从潘盖翁山(Pangaion)获取的金矿使得马其顿引入一种新通货，并迅速在马其顿之外的地区获得了认可。这种货币自然先被用于军费开支。腓力二世将一处位于潘盖翁山附近的用来安置军事殖民者的地方命名为腓立比(Philippoi)——这是已知希腊地区第一例以个人名字为地方命名的例子(前356年)。马其顿对安菲波利斯(Amphipolis)、彼得那(Pydna)和波提狄亚的占领触发了与再次在色雷斯站稳脚跟的雅典之间的战争。而同时正在进行同盟者战争的雅典人无法充分施展拳脚，只得与色雷斯人、伊利里亚人和派俄尼亚人(Päonen)的国王们结盟，以维护自己在北方的利益。

公元前356年起，雅典人开始在第三次争夺德尔斐近邻同盟(Amphiktyonie)领导权的圣战中支援希腊中部的福基斯人，近邻同盟是一个具有某种政治意义的希腊宗教团体。福基斯人强占了德尔斐神庙的财物，并将其用于武装一支强悍的雇佣军，这支军队为福基斯人暂时赢得了对希腊中部的领导权。福基斯人的劲敌是维奥蒂亚人和一部分色萨利人。接到维奥蒂亚人和色萨利人求援的腓力二世在经过最初的几次失败后，于公元前 352 年将福基斯人赶出了色萨利，从此控制了这片地区，或许他就是在这时候被选举为色萨利同盟的终身首领（árchon），并在该地区获得了合法地位。雅典人及福基斯人的其他盟友暂时阻止了腓力二世继续南下，于是他转而向北方扩张，并于公元前 349 年挑起了与奥林索斯同哈尔基季基同盟的战争。这场战争以奥林索斯被毁，其领土被并入腓力二世统治区域告终。公元前 346 年，腓力二世与雅典及其盟友签订了《菲洛克拉底和约》(Frieden des Philokrates)，腓力二世是和约的主要受益人，并且他在第三次圣战中最终征服福基斯人，马其顿人顶替福基斯人被吸收进近邻同盟。

在雅典，参与签订《菲洛克拉底和约》的德摩斯梯尼（他曾热切赞同支援奥林索斯）不久后指责同僚菲洛克拉底和埃斯基涅斯（Aischines）出卖雅典的利益，此后便积极领导起维护雅典独立的斗争。与埃斯基涅斯一样，演说家伊索克拉底（Isokrates）也支持希腊人归顺腓力二世，特别是考虑到希腊与波斯之间很可能会爆发战争。事实上腓力二世很可能已经为战争做好了准备，哪怕他已同阿尔塔薛西斯三世（Artaxerxes III.）签订了互不侵犯条约，该条约允许波斯人在公元前 343 年将公元前 404 年之后独立的埃及夺回。但腓力二世一度在北方建立起据点，并效法波斯总督辖区，将色雷斯并入自己的王国，并由一名将军管辖（前 341 年前后）。

这样一来，马其顿与雅典之间的摩擦加剧，于是，当腓力二世劫掠了一支雅典运粮船队后便引发了一场大战。除此之外，腓力二世还策动了第四次圣战，此次战争使他得以凭近邻同盟统帅的身份进军希腊中部。此时的忒拜也加入了不久之前由雅典组织起来的多个希腊城邦组成的同盟（其成员主要来自希腊中部地区）。

公元前 338 年，在维奥蒂亚的喀罗尼亚（Chaironeia）附近，他们迎来了一场大决战。两军在士兵数量上几乎旗鼓相当，不过马其顿军更胜一筹，他们取得了压倒性的胜利。但腓力二世对雅典提出了温和的和谈条件，因为他希望雅典能够追随自己。虽说雅典不得不放弃第二次海上同盟的余部以及色雷斯的克森尼索，但它依然得到了利姆诺斯岛、伊姆布罗斯岛、斯基罗斯岛、萨摩斯岛和提洛岛。在进军伯罗奔尼撒半岛的过程中，腓力二世迫使仍在孤军奋战的斯巴达只能保留公元前6世纪之前获得的领土，因此斯巴达没有加入所谓的科林斯同盟。

科林斯同盟的官方名称是“希腊人同盟”，成立于公元前337年在科林斯召开的一次会议上。与会者一致同意签订一份“普遍和约”，该和约尊重各城邦独立，维护内部现有秩序（禁止剥夺他人财产、重新分割地产、免除债务以及出于政治颠覆目的释放奴隶等行为），破坏和约者则被赶出同盟，保障航行自由权，成立由各同盟成员代表组成的议事会（Synedrion），出现争端则由议事会来裁决。腓力二世本人没有成为议事会成员，但他与各成员结成了永久同盟，由此获得终身霸权。

科林斯同盟的目标是要讨伐波斯。如今同盟已决定出征，并在宣传中将此次战争粉饰为对薛西斯毁坏希腊神庙（前480/前479年）的复仇。公元前338年阿尔塔薛西斯三世去世。在经过短暂的空缺后，公元前336年，大流士三世（Dareios III.）登上了王位。同年，一支一万人的马其顿先遣部队渡过了赫勒斯滂。然而主力军没有如预想中的那样随后赶到，因为同样在公元前336年，腓力二世在女儿同摩罗西亚国王亚历山大的婚礼期间被一名荣誉受损的贵族在旧都城埃格谋杀。不过腓力二世已经通过自己的影响力将所有权力工具抓在自己手中，并在后来为其子亚历山大（当时他正在喀罗尼亚出任骑兵指挥官）所用。

第四章

希腊化时代

马其顿征服希腊各城邦标志着独立城邦以及彼此竞争的霸权集团决定历史进程的时代终结了。后来由于亚历山大大帝征服波斯帝国，重心进一步转移。虽然之后亚历山大帝国瓦解，但在帝国的土地上出现了多个由马其顿人和希腊人统治的庞大国家，这些国家具有与希腊城邦全然不同的模式。鉴于在这些国家中存在希腊与东方元素共生的现象，因此出现了“希腊化”(Hellenismus)这一概念，但这一概念也常被用于指代西部希腊殖民地的某个历史时期。因此要想总结出这一时期全面的特征绝无可能，特别是东方的社会经济基础并未发生根本性改变。马其顿王室统治的最后一个大国——埃及——

被并入罗马帝国（前 30 年）被视为希腊化时代的终结。

亚历山大大帝的征服之役

年仅二十岁的亚历山大三世（Alexander III.，即亚历山大大帝）得到了马其顿贵族足够的支持，从而能够继承父亲的王位。我们无法肯定他或他的母亲奥林匹娅斯（Olympias）是否参与了谋杀腓力二世的行动。但亚历山大同父异母的弟弟阿里达乌斯（Arrhidaios）因为心智不健全而不构成威胁，其他竞争者则都被铲除了。希腊则自然而然地萌生出解放的希望。当时传出了亚历山大三世在巴尔干战死的谣言，于是忒拜人便在公元前 335 年发动叛乱，然而叛乱迅速被终结，忒拜城被毁，居民被奴役（这一处理方式遵照了科林斯同盟决议）。经过这次杀鸡儆猴，亚历山大三世终于可以无后顾之忧地开始东征。

亚历山大三世继续推行腓力二世的战争计划，后来还有所扩展，这一点符合马其顿贵族和农民被唤起的对夺取土地和战利品的兴致，在希腊人中间也普遍存在着相似的愿望。亚历山大三世表面上以科林斯同盟的名义发动战争，但事实上科林斯同盟的兵力相对较少，军队主力是马其顿兵，指挥官也是马其顿人。公元前 334 年，马其顿军队跨越赫勒斯滂。诸多象征性的行为首先使人联想到《荷马史诗》中希腊人对特洛伊的胜利。

波斯国王委派西边的诸总督及希腊雇佣军的统帅罗德岛的蒙农（Memnon）进行抵抗，后者更懂得谋略，然而他们并未成功。亚历山大三世在格拉尼库斯河（Granikos）的胜利奠定了他在小亚细亚的统治基础。希腊诸城邦得到解放（然而解放并非所有城邦的意愿）。民主宪法的引入或许能够给人以城邦获得更多自由的印象，但除此之外只是更换了首领。亚历山大三世在各总督辖区任命马其顿人为总督 [卡里亚地区除外，因为他认卡里亚君主摩索拉斯的妹妹阿妲（Ada）为义母]。

亚历山大三世自然没有尝试去占领整个安纳托利亚（Anatolien）。戈尔迪乌姆（Gordion）的冬天来临后，他朝着奇里乞亚进军，在那里他终于遭遇了大流士三世本人，但他拥有最精良的部队和希腊雇佣兵，在伊苏斯（Issos）战役中，大流士三世或许过早地丧失了斗志，急于逃窜，将辎重部队和家属都留给了胜利者。此时的亚历山大三世完全可以在回应波斯和谈的请求时，索取亚洲之王的头衔，并要求波斯人臣服。

然而亚历山大三世并未深入波斯帝国的核心地区。

因为“万王之王”[1]的腓尼基舰队在爱琴海地区畅通无阻，所以必须首先破坏其基地。这一计划很快得以实现，推罗（Tyros）和加沙（Gaza）分别在被围困了数月后被攻破，城中的居民皆被杀或被奴役。大流士三世提出将幼发拉底河（Euphrat）西岸的全部领土割让给亚历山大三世，但这也无济于事。公元前343年才被阿尔塔薛西斯三世夺回的埃及未加抵抗就被总督交出，亚历山大三世跻身埃及本土被视为神明的法老之列，他在尼罗河三角洲以西的海边建立了东方第一座亚历山大城（Alexandreia，前331年）。一次前往与宙斯齐名的阿蒙神（Ammon）位于锡瓦绿洲（Oase Siwa）的神托所之行似乎更强化了人们对亚历山大三世所具有的神性的信仰。公元前331年秋季，亚历山大三世前往美索不达米亚平原北部，在高加米拉（Gaugamela）附近战胜大流士三世，后者这一次又提前溃败，逃往米底亚（Medien）。亚历山大则让军队将自己推举为亚洲之王。随后他又继续不费一兵一卒便占领了波斯帝国的多个中心城市及其都城：巴比伦、苏萨（Susa）、波斯波利斯（Persepolis），最后是埃克巴坦那（Ekbatana）。波斯波利斯的宫殿被焚毁，以报薛西斯毁灭希腊神庙的一箭之仇。科林斯同盟号称的

① 此为波斯国王的头衔。——译者注

战争目标已经达成，亚历山大三世按照这一说法将自己在埃克巴坦那的军团遣散回乡；然而仍有众多希腊人以雇佣兵的身份自愿留下。亚历山大三世也开始任命伊朗人担任新占领区的总督，或者直接认可他们的官职。

对逃亡的大流士三世的迫害一直蔓延至东方，大流士的威信不再，多名位高权重者团结在巴克特里亚（Baktrien）总督贝苏斯（Bessos）周围对抗大流士，将他拘禁，并在亚历山大三世的大军逼近时将他杀害。亚历山大三世命人将大流士三世安葬在波斯波利斯，并自视为阿契美尼德王朝（Achämeniden）的合法继承人。然而亚历山大三世首先必须实现对整个帝国的权力控制，尤其是要应对伊朗各部落的抵制。在此期间，贝苏斯以阿尔塔薛西斯三世之名自立为万王之王。虽说他后来被抓获并被处死，但战争也因此长期无法结束。面对全新且艰苦的地理环境，马其顿军必须在今天的阿富汗、土库曼斯坦、塔吉克斯坦和乌兹别克斯坦地区完成艰巨的任务。亚历山大三世在征服战的进程中建立了一批具有城邦性质的新城市，大多数城市以他的名字命名，最东北段的是绝域亚历山德里亚 [Alexandreiaeschate，今塔吉克斯坦的苦盏（Chudschand）]。1964 年发掘于阿姆河畔（Amu-Darja）的阿伊-哈努姆（Ai-Chanum）附近的城市（位于阿富汗北部边境）很可能也是其中一座亚历山大城，该城存在于公元前 4 至前 2 世纪，并配备有竞技训练场和剧院。

公元前 327 年亚历山大三世与粟特（Sogdien）贵族之女罗克珊娜（Roxane）结合，这是他竭力拉拢伊朗上层的一项举措。亚历山大三世认为单凭马其顿人无法统治这座庞大的亚洲帝国。同样他也将越来越多的伊朗人吸收进军队。然而亚历山大三世接受波斯宫廷礼仪，及其他波斯习俗的做法激化了他与马其顿人之间的矛盾，这些人完全无法理解国王的意图。有时亚历山大三世甚至会以处死或谋杀身边之人，来回应他们的不满。不过大部分马其顿军依然不辞辛劳，忠诚地跟随他，为他付出。

公元前 327 年，亚历山大三世开始出征印度。因为印度的一部分领土名义上归属波斯帝国。然而亚历山大三世及其将领的地理观念有误，他们误以为在印度很快就能到达包围陆地的大洋，以及人们居住土地的东边尽头。马其顿军击败了多名印度王侯 [其中最重要的便是波罗斯（Poros）]，但由于战事看似永无休止，于是他们到达希发西斯河 [Hyphasis，今拉合尔（Lahore）以东的比亚斯河（Beas）] 后便拒绝前进。亚历山大三世没有选择原路返回。他开始在希达斯皮斯河 [Hydaspes，即杰赫勒姆河（Jhelum）] 附近组建一支舰队。在舰队的帮助下，亚历山大三世率军顺流而下一直到印度河，随后沿着印度河一直来到印度河三角洲，中途不乏多场恶战（他本人也受了重伤，生命一度受到威胁）。公元前 325 年中期，军队到达了帕塔拉 [Patala，今巴基斯坦境内的海得拉巴（Hyderabad）]。亚历山大三世这时才知道，印度河并非尼罗河的源头，但他依然认为自己还是在印度河河口看到了大洋。

陆军中行动较为缓慢的一部分兵力（其中有伤员和辎重部队），在克拉特鲁斯（Krateros）的率领下已经先一步经阿拉霍西亚（Arachosien，位于阿富汗南部）踏上了归程。舰队则要在尼阿库斯（Nearchos）的率领下前去探明前往幼发拉底河河口的海路。亚历山大三世本人率主力部队穿越格德罗西亚 [Gedrosien，今俾路支斯坦（(Belutschistan）] 沙漠，由于缺水又遭遇敌军，只有一小部分士兵存活下来。在卡尔马尼亚（Karmanien），两支陆军终于会师。随后亚历山大三世在霍尔木兹海峡（Hormuz）与尼阿库斯会合。

公元前 325/ 前 354 年冬季，军队成功返回。亚历山大三世长年在外征战使得有些总督开始自立门户，就连帝国司库哈帕拉斯（Harpalos）也利用自己的身份扩大自己的影响，所以亚历山大三世归来后，他便携雇佣兵及大量金钱逃往希腊。哈帕拉斯暂时在雅典找到了落脚之处，据说他贿赂了雅典有影响力的政治家。总之他得以在亚历山大提出引渡要求之前成功逃脱（不久后他在克里特岛被谋杀）。

亚历山大三世远在东方期间，雅典获得了相对独立的地位。该城良好的经济状况令人十分讶异。它能够拥有一支庞大的海军（这是雅典拥有的有史以来规模最大的海军），可以建设舰队所必需的船屋及仓库，还能建造宏伟的公共建筑，其中就有一座新的狄奥尼索斯剧场。最主要的功绩归属于吕库古。和之前的欧布洛斯一样，吕库古领导着一个中央财政机构，（直接或间接的管理）时间约有十二年之久。因此从公元前338年喀罗尼亚战役至吕库古去世的公元前324年，这段时期被称为吕库古时代。

可以肯定吕库古绝非马其顿统治的支持者，彼时希腊普遍充斥着反亚历山大三世的情绪。亚历山大三世于公元前324年提出的希腊本土各国需重新接纳所有流放者的要求也无法减少人们的不满情绪，即使该要求涉及的人数达数千人。然而雅典并未参与公元前331年斯巴达及其他伯罗奔尼撒国家的叛乱，此次叛乱遭到“欧罗巴之帅”安提帕特（Antipatros）的镇压。部分城邦，包括雅典，不久后赋予亚历山大三世神明般的尊荣，这一做法符合希腊人的文化心态，也迎合了亚历山大三世对自我的理解，然而这样一种宣誓效忠的做法不过是一种投机行为。

亚历山大三世还面临着马其顿军中的不满情绪。由于遣散老兵，公元前324年在底格里斯河（Tigris）的俄庇斯（Opis）发生了军队哗变，亚历山大三世毅然决然地以铁腕手段将暴乱镇压。

庞大的亚历山大帝国（根据一些目前存疑的文献记载，亚历山大三世曾打算向西欧扩张）的首都本应是巴比伦。然而公元前323年初夏，亚历山大三世在准备出征阿拉伯时，在巴比伦死于高烧，死时尚不满三十三岁。

亚历山大帝国

这位马其顿人的国王以一位统治着亚洲帝国的专制君主的身份死去。帝国存在的时间太短，若是亚历山大三世活得再久一些，人们便肯定可以推测这个国家的走向。波斯帝国存在了两百年，它与马其顿和希腊之间的关系从一开始就问题重重。亚历山大三世自始至终都尊重被征服地区当时的社会结构和传统。后来他试图让马其顿贵族与伊朗贵族结盟。公元前 324 年，亚历山大三世甚至给予学习了马其顿战术的波斯精英部队与伙友步兵（马其顿重装步兵）一样的地位，并在苏萨组织了一场马其顿军官及士兵与伊朗女子的集体婚礼，将领们娶了波斯最显赫的贵族女子为妻，而亚历山大三世本人则迎娶了两名末代国王的女儿。

亚历山大政权的组织形式可能继承了波斯国王的传统。亚历山大帝国并非一个统一的国家，它囊括了众多不同的地区和民族。人数稀少的上层阶级在国内实行剥削，国家职能也在上层阶级内部实施分配，这一现象历来就是亚洲帝国组织的目标。波斯人统治时期，总督需负责征收赋税、管理世袭领地、司法和维护内外安定。到了亚历山大帝国时代，这一制度照旧，马其顿人只保留了军事指挥权。

财政体系被强制服务于战争。将波斯国库中的财宝制成铸币并非出于希腊人先进的经济惯例，而是因为马其顿有金钱方面的直接需求。亚历山大三世用于支付军饷的新铸币主要是用白银制成的。最高财政机关位于巴比伦，一直到公元前 324 年都是由马其顿人哈巴拉斯领导。

帝国另一个重要机构是君王的秘书处，当时的领导是希腊人欧迈尼斯（Eumenes）。秘书处还负责为中央机构记录日志。

帝国还从阿契美尼德王朝借鉴了国王的代理人“千夫长”（Chiliarch，即“大维齐尔”）一职，当时担任此官职的是亚历山大三世最亲密的朋友赫费斯提翁（Hephaistion），但此人却先于亚历山大三世去世。赫费斯提翁也属于七名“近身护卫官”（somatophýlakes）之一，这批人构成了亚历山大三世最亲密的顾问团。另一个群体则与贵族骑兵一样被称为“伙友”。

希腊诸城邦在帝国的地位看似不一样。一部分城邦直接隶属国王，但并非所有城邦都是如此。一部分新城邦只不过是军事据点，另一些则是旧有的东方城市。它们在希腊人到来后接受了城邦体制，改换了希腊城名，通常这两种状态都不会持续太久。基本上各城邦只能作为一个大国的组成部分，享有有限的自治权。但早在波斯人统治时期，城邦的类型就已是多种多样，并且这一情况还在继续保持。城邦的特殊之处不仅在于拥有附带公民大会、议会和选举出的官员的体制，还配有供军事、体育训练及偶尔举行文化活动的场所，这些设施使得希腊公民与城中的其他居民区别开来。

继业者战争

亚历山大三世死时没有留下继承人。贵族与军队最终在表面上达成妥协：明面上国王由亚历山大三世心智不健全的同父异母弟弟阿里达乌斯以腓力三世（Philipp III.）之名，和亚历山大三世与罗克珊娜当时尚未出生的儿子以亚历山大四世（Alexander IV.）之名共同担任，实际上政权却由千夫长佩尔狄卡斯（Perdikkas）、欧罗巴之帅安提帕特和国王利益代表兼帝国军队统帅克拉特鲁斯瓜分。除此之外还有一些总督也大权在握。最有权势之人皆出身于之前的“近身护卫官”群体，他们是：大弗里吉亚（Großphrygien）、吕基亚（Lykien）、潘菲利亚的独眼的安提柯（Antigonos Monophthalmos）、埃及的托勒密（Ptolemaios）和色雷斯的利西马科斯（Lysimachos）。各方由此开始了争夺亚历山大三世继承权的一系列混战。从总体上看，战争以亚历山大众将领及直接继承人［史称“继业者”（Diadochen）］相继死去而告终（前 281 年）。

继业者们的共性是背离了所谓的融合政策及进一步的占领计划。除此之外还呈现出一系列各不相同的几种趋势：到底是为了维护亚历山大家族的利益而维护帝国统一，还是选择一位新任统治者（不属于亚历山大大家族的）来执掌统一的帝国，还是建立多个独立的小国。

一部分受雅典人领导的本土希腊人视亚历山大三世的死为摆脱马其顿统治的契机。他们最终成功地将安提帕特围困在希腊中部的拉米亚（Lamia，史称“拉米亚战争”），然而包围仅持续到安提帕特的援军到来。安提帕特和克拉特鲁斯在色萨利的克兰农（Krannon）取得了决定性胜利，而不久前的阿莫尔戈斯岛（Amorgos）一役永远终结了雅典海上强国的地位（前322年）。雅典人被迫接受马其顿在比雷埃夫斯港口驻军以及一部财产调查法令（Zensusverfassung）。德摩斯梯尼同其他一些领袖被判处死刑，他们在逃亡途中自尽。

在此期间，身在亚洲的千夫长佩尔狄卡斯夺取了军队指挥权，并试图借助欧迈尼斯的帮助将一切权力都集中在自己手中。于是安提柯、托勒密一世、利西马科斯、安提帕特和克拉特鲁斯联合起来一致反对佩尔狄卡斯的计划。在公元前320年一次对抗托勒密的战役中，佩尔狄卡斯在埃及的孟菲斯被自己人谋杀。同年，克拉特鲁斯与在小亚细亚一路取胜的欧迈尼斯作战时阵亡。于是在特里帕拉迪苏斯（Triparadeisos，位于叙利亚地区）

召开的会议上他们试图制定出排除并对抗欧迈尼斯的新秩序。安提柯成了亚细亚之帅。安提帕特获得了对两位傀儡国王的监护权，此监护权曾被千夫长佩尔狄卡斯篡夺，并将他们带到了马其顿。塞琉古一世（Seleukos）成为巴比伦总督，此人由此开始平步青云。

公元前 319 年，安提帕特去世。他亲自指定了一名老战友波利伯孔（Polyperchon）为自己的继承人。然而安提帕特自己的儿子卡山德（Kassandros）对此无法接受，安提柯、利西马科斯和托勒密一世也是如此。波利伯孔试图恢复科林斯同盟，然而却失败了。雅典很快倒向了卡山德一派。卡山德将雅典人德米特里(Demetrios)作为亲信从法勒鲁姆安排到了雅典城的领导之位。德米特里属于亚里士多德学派，他曾亲自撰写过一批哲学著作，并且在他的治下推行了一部较为温和的财产调查法令，因此雅典经历了短暂的经济文化繁荣期（前 317—前 307 年），即便如此德米特里依然不受欢迎。

而在马其顿，亚历山大三世的母亲奥林匹娅斯再次出山以支持波利伯孔。她下令杀害了令自己憎恶的腓力·阿里达乌斯、他的妻子以及其他许多人，最终她被卡山德俘虏，并被军队判处死刑（前 315 年）。

同年，最为正直的帝国统一捍卫者欧迈尼斯在伊朗被安提柯击败，他被自己手下的士兵交出，并被处决。塞琉古一世从巴比伦逃到托勒密。安提柯及其子德米特里显然意图寻求独裁统治，他试图通过宣布解放希腊人来让他们脱离卡山德，还在基克拉泽斯群岛建立了岛民同盟（Bund der Nesioten）。安提柯在亚洲赢得了可观的土地，但德米特里却于公元前 312 年在加沙同托勒密作战时遭遇了一次惨败。塞琉古一世由此得以夺回巴比伦尼亚（Babylonien），不久后又收回米底亚。

一份短命的谅解和约（前 311 年）肯定了希腊人的自由权，还确定了安提柯在亚洲取得的地位以及卡山德欧罗巴之帅的地位，直至亚历山大四世亲政。卡山德后来杀害了年轻的国王和罗克珊娜（前 310/ 前 309 年）。这样一来，亚历山大大帝的族人便被斩草除根。值得重视的亚历山大三世继承人之位的觊觎者现在就只剩安提柯了，安提柯显然无法再次排挤掉塞琉古一世。而在环爱琴海地区，安提柯成功挤走了托勒密一世。其子德米特里于公元前 307 年将卡山德的亲信法勒鲁姆的德米特里从雅典驱逐，重建了民主制。雅典人热情洋溢地对德米特里及其父亲顶礼膜拜，还以他们的名字为克里斯提尼时代起就存在的十个部族之外的两个新成立的部族命名（议事会成员数相应地增加到了 600 人）。这样的变化一直在持续，然而雅典并没有逃过继业者战争引发的风雨飘摇。

德米特里在塞浦路斯的萨拉米斯岛附近的一场海战中击败了托勒密之后，安提柯与他便在公元前 306 年获得了国王的称号，于是他们提出了继承亚历山大三世权力的要求。他们实际上正统治着亚历山大帝国相对来说最大的一片区域，范围从赫勒斯滂至幼发拉底河。托勒密一世、利西马科斯、卡山德和塞琉古一世对此做出了反应，也纷纷自立为王，因为他们中没有一个人乐意向其他人称臣。

有趣的是，西西里僭主阿加托克利斯（Agathokles，前 304 年）也以继业者们为榜样。他和狄奥尼西奥斯一世一样，以享受全权的将军的身份于公元前 317 年在叙拉古以德莫为后盾，将大权独揽，征服了西西里的希腊城邦，一直到公元前 306 年他都在与迦太基人作战，战场甚至蔓延到了非洲的土地。后来他将权力的触角伸至意大利南部和克基拉岛。公元前 289 年，在他去世后，国家再次土崩瓦解。

在东方，继业者战争还在继续。公元前 305/ 前 304 年，德米特里围困亲托勒密的罗德岛，但他的企图失败了。由于德米特里运用了当时一切先进的攻城技术，使得他得名“波里奥西特”(Poliorketes,意为“围城者”)。安然无恙的罗德岛此后多年都扮演了贸易中心及海上强国的角色。

德米特里在希腊取得了更大的胜利。公元前302年,他恢复了科林斯同盟,而其他继业者此时联合起来一致对抗他和安提柯。为此塞琉古一世放弃了对东方总督辖区[五河之地[①](Fünfstromland)、帕罗帕密萨代(Paropamisaden)、阿拉霍西亚、格德罗西亚]的争夺,并将这些地方让给了孔雀王朝的建立者——印度君主旃陀罗笈多(Tschandragupta,希腊语名为“Sandrokottos”)。作为回报,旃陀罗笈多给塞琉古一世派去了五百头战象。这些战象被运用到在弗里吉亚爆发的伊普索斯(Ipsos)战役中,而在此次战役中,年已八十一岁的独眼的安提柯战死(前301年)。安提柯王朝在小亚细亚的领土由利西马科斯获得,叙利亚则归了塞琉古。

德米特里成功逃脱,他继续以诸岛屿和海滨城市为据点,行动范围从叙利亚远至希腊。卡山德去世后(前297年),马其顿陷入了动荡的局面。公元前294年,德米特里成为马其顿国王,短时间内他就扩充了自己的势力,然而专制的做法使他丧失了很多人对他的好感。

① 即旁遮普地区。——译者注

公元前288/前287年，他被驱逐出了马其顿，利西马科斯和伊庇鲁斯的摩罗西亚国王皮洛士（Pyrrhos）将马其顿瓜分。多亏托勒密的支持，雅典得以独立于马其顿的统治（比雷埃夫斯除外）。德米特里试图在亚洲重新夺取新的据点，却于公元前286年被塞琉古一世俘虏，三年后死在牢狱中。

公元前283年托勒密一世也死去。早在公元前285年他就让儿子托勒密二世 [Ptolemaios II.，后得别名“笃爱姐妹者”（Philadelphos）] 与自己一同执政，并确立了他的继承权。另一个由其他妻子所生的年纪稍长的儿子托勒密·克劳诺斯（Ptolemaios Keraunos）随后流亡在外。当最后一次继业者战争在利西马科斯（欧洲和小亚细亚的领导权最终落到了他的手上）和塞琉古一世之间爆发时，托勒密·克劳诺斯的好运才降临。公元前281年，垂垂老矣的利西马科斯在吕底亚的库鲁佩迪安（Kurupedion）阵亡，胜利者塞琉古一世正欲接受马其顿的统治权，却在踏上欧洲土地的那一刻被托勒密·克劳诺斯谋杀。后者成功地以国王的身份在马其顿站稳了脚跟，怀有同样愿望的伊庇鲁斯的皮洛士只得前往意大利和西西里碰运气了。

希腊化诸国至罗马人入侵

继业者战争的结果是产生了三大势力集团：托勒密王国、塞琉古王国和马其顿主体国。而这方面还发生了一个变化。公元前 279 年，托勒密 · 克劳诺斯在抗击从北方入侵的凯尔特人时战败身亡，而凯尔特人仅被赶往了希腊中部 [另一批人则前往小亚细亚，在以他们命名的加拉太（Galatien）定居下来，自此开始令他们的邻邦闻风丧胆]。另一场在利西马其亚（Lysimacheia）取得的胜利（前 277 年）最终为德米特里 · 波里奥西特之子安提柯 · 贡那塔斯（Antigonos Gonatas）带来了马其顿那顶空缺的王冠（前 276 年），并且他也成功地保住了继承而来的在希腊的地位。从此，安提柯王朝开始统治马其顿。安提柯王朝的王权尚有一丝传统色彩，那里基本不实行君主崇拜，而在其他东方王国这一统治形式占有重要地位。

安提柯王朝对希腊地区（色萨利已与马其顿牢牢捆绑在了一起）统治权的兴趣遭遇了托勒密王朝的竞争。托勒密王朝致力于寻求在埃及以外的昔兰尼、南叙利亚(黎巴嫩及巴勒斯坦)、塞浦路斯及小亚细亚局部地区和希腊的统治权。自托勒密一世在伊普索斯战役之前就占领了南叙利亚（史称“叙利亚战争”：第一次前 274—前 271 年，第二次前 260—前 253 年，第三次前 246—前 241 年，第四次前 221—前 217 年，第五次前 201—前 195 年，第六次前 170—前 168 年)，一个多世纪以来，此地一直都是托勒密王朝与塞琉古王朝之间战争关注的焦点。

埃及人只是国家的臣仆，这个国家的所有领导职务都由马其顿人和希腊人把持。在干旱的沙漠中发现的大量保存下来的莎草纸清晰地勾画出这一与古代城邦制社会全然不同的制度。只有三座城邦被保留下来：亚历山大城、瑙克拉提斯和托勒密（Ptolemais)。其余的整片领土都被视为国王的私产。经济由一个组织完备的国家机构主导。理论上该机构应从细节上规定农民应当种植和交纳何种作物。手工业和商业只要不是由王室垄断，也同样要被置于管辖之下。然而国王也会将土地赠给寺庙、显贵和军事殖民者。对于埃及人而言，托勒密王朝众王也和之前的异族统治者一样进入类似神明的法老序列。马其顿人和希腊人则首先崇拜亚历山大，托勒密二世即位之后便出现了王朝崇拜，包括对在世的统治者的敬拜。首都亚历山大城发展成了环地中海地区最大的城市，由于该城拥有类似科学院的机构，即缪斯神殿，以及一座收藏有丰富希腊文著作的图书馆，因此这里也成了一处文化中心。

由于与波斯帝国面积相近，国家构成也较为多元，塞琉古王国的组织形式呈现出较大的多样性。在这里，辽阔的土地被视为王田，由佃农（laoí）耕种。除现有的城邦外还建立了许多新城，大多数城邦以王室名字命名，其中就有首都奥龙特斯河畔的安提阿 [Antiocheia，今安塔基亚（Antakya）]。这些城邦拥有相对较多的自治权。若国王将土地赠予个人，该片土地通常被划归到某座城邦，由此成为私产。城邦领地也可能和王田一样拥有不具有公民权的佃农。除此之外，塞琉古王国也和埃及一样，也存在国王将土地赠予寺庙、显贵和军事殖民者（此处被称为“Katöken”）的现象。为了打造一条统一的纽带，塞琉古也同埃及一样引入了集中的王朝敬拜传统，只不过开始的时间稍晚。此外还存在着多种形式的城邦崇拜。

在希腊，个别城邦愈见失势。与此相反，联邦国家在公元前 4 世纪就开始逐渐壮大，这些国家的前身是早先成立的区域联盟 [即“族群”（éthne）]，通常被称为“koiná”（例如阿提卡人的联邦国家等）。在这类国家，公民除了拥有单个城邦的公民权外还享有整个国家的公民权，国家还设有一个所有联邦公民都有资格参与的公民大会,以及若干共同的中央机构(议事会及公职人员)，主要负责对外职能。埃托利亚同盟于公元前 278 年参加了抵抗凯尔特人的战斗，自此开始从埃托利亚扩张至希腊中部。在这一过程中，各成员之间关系相对松散，于是核心职务由埃托利亚人担任，其中居于首位的是每年一选的将军。与埃托利亚同盟相对的是伯罗奔尼撒半岛上的亚该亚同盟，起初该同盟仅限于西北部的亚该亚，此地与埃托利亚一样长期处于城邦制发展的边缘位置。公元前 280 年经过改组的亚该亚同盟很快合并了其他城邦，其中就有西锡安与科林斯。亚该亚同盟的组织类似埃托利亚同盟。公元前 245 至前 213 年，每年的下半年都由西锡安的阿拉图斯（Aratos）担任将军,他借此在同盟中获得了重要地位[前208至前183年，迈加洛波利斯（Megalopolis）的菲洛皮门（Philopoimen）也是如此]。

一直到约公元前 232 年，最终囊括了整个伊庇鲁斯的摩罗西亚同盟都实行君主制。埃阿喀得斯王朝(Aiakiden)想要获得希腊出身。亚历山大一世(Alexander I.，摩罗西亚国王，前 342—前 330 年在位）成为马其顿的腓力二世的内弟兼女婿，他在支援塔兰托时在意大利阵亡。皮洛士以其军事领导才能而著称，在卷入马其顿的继业者战争后，自公元前280年起，皮洛士便支持塔兰托对抗罗马。虽说他取得了一些胜利，但也损失惨重（俗话称之为“皮洛士式的胜利”）。公元前278至前275年，他试图以短暂成为他岳父的阿加托克利斯的继承人身份，以及抗击与罗马结盟的迦太基人的协助人身份，在西西里建立一个新的王国。起先他取得了一定的胜利，但很快他就失去了民众的爱戴，随后在南意大利与罗马作战时失败，接着再次转向东方，以破坏安提柯·贡那塔斯对马其顿的统治，最终于公元前272年在阿尔戈斯战死。

安提柯王朝与托勒密王朝为了争夺对希腊的统治而彼此缠斗。希腊各城邦必须选择一方支持。托勒密二世支持雅典、斯巴达以及其他同盟成员结成反马其顿联盟，于是导致了公元前267年爆发的克瑞谟尼德斯战争[此次战争以联盟的发起人、雅典人克瑞谟尼德斯（Chremonides）命名]。得胜的依然是安提柯·贡那塔斯。斯巴达国王阿莱乌斯（Areus）本人就是一名希腊化风格的统治者，他于公元前265年阵亡。雅典则在公元前262年前后投降，原本于公元前287年在托勒密的帮助下脱离了马其顿统治的雅典此时再次彻底沦为马其顿的附庸。

当托勒密王国在托勒密二世和“施主”托勒密三世（Ptolemaios III. Euergetes）的统治下达到全盛的同时，塞琉古王国却很快陷入了动荡。大约在公元前245年或公元前240年，希腊人狄奥多特（Diodotos）将巴克特里亚分裂出去，逐渐建立起一个远至印度的庞大王国[希腊-巴克特里亚王国，核心区域位于阿富汗，统治中心在巴克特拉/巴尔赫（Baktra/Balch）]。大约在公元前238年，巴克特里亚王国以西出现了帕提亚帝国[①]（Partherreich）的雏形，该国的后盾是帕尼人（Parner）中的伊朗骑兵，该国的名字[帕提亚（Parthia）]后来为这些人所用。同一时期，塞琉古二世（Seleukos II.）的弟弟安提柯·伊厄拉斯（Antiochos Hierax）在小亚细亚自立门户。

帕加马（Pergamon）的阿塔罗斯一世（Attalos I.）利用了这一混乱局面，将安提柯·伊厄拉斯驱逐后，把小亚细亚南部的一大部分土地暂时收归己有（约前228—前223年）。在北方，非希腊独立国家有比提尼亚（Bithynien）、本都、加拉太和卡帕多细亚（Kappadokien）。在西面的沙漠边缘，帕加马的马其顿城堡指挥官菲莱泰

① 又称安息帝国。——译者注

罗斯（Philetairos）在公元前 283 年建立了一个相对独立的政权。他的继承人欧迈尼斯一世（Eumenes I.）后来摆脱了塞琉古形式上对帕加马的宗主权。阿塔罗斯一世则在战胜东边的邻邦加拉太人（凯尔特人的一支）之后，于公元前 230 年称王。

亚该亚同盟在希腊的势力日益增长，它甚至与埃托利亚同盟一起构筑起了对抗马其顿的防线。然而斯巴达发生的变化致使新局势产生，斯巴达国王亚基斯四世（Agis IV.，前 244—前 241 年在位）试图重建吕库古的秩序，但他的计划失败了，最终被处死。公元前 235 年之后的克里昂米尼三世（Kleomenes III.）则取得了更多的胜利。他废黜了五督政官，推行土地改革，并用庇里阿西人来填补人数跌落到几百人的斯巴达人的数目。通过这种方式，他极大地强化了军事力量，并得到了伯罗奔尼撒半岛的其他地区下层自由民众的喜爱。为了对抗这一危机，亚该亚同盟不惜请求马其顿这名宿敌的帮助。“永诺者”安提柯（Antigonos Doson）于公元前 222 年在拉科尼亚和阿卡迪亚交界处的塞拉西亚（Sellasia）击败了克里昂米尼；克里昂米尼逃往埃及，部分改革成果化为乌有。锐意改革、试图复兴吕库古秩序的国王们也一同影响了后世对斯巴达的印象。

早在公元前224年，一个由马其顿领导的希腊同盟成立，其成员有亚该亚人、色萨利人、伊庇鲁斯人、阿卡纳尼亚人、维奥蒂亚人、福基斯人、洛克里人和优卑亚人，同盟后来在公元前220年决定对与斯巴达结盟的埃托利亚人发动“同盟者战争”。这场战争以公元前217年签订的《纳夫帕克托斯和约》告终，这是最后一份没有受到罗马影响的和约。

罗马人不久前才在巴尔干半岛经历了第一次和第二次伊利里亚战争（分别为前229年和前219年），由此也在马其顿垂涎已久的地区站稳了脚跟。因此腓力五世（Philipp V.）便与迦太基联合起来对抗罗马，而罗马则在公元前212年与埃托利亚人结盟，并在公元前205年同马其顿缔结和约（史称“第一次马其顿战争”，前215—前205年）。

这一时期，塞琉古王国在安提柯三世[1]的统治下再次崛起。他在东方大部分地区重建宗主权（前215—前205年），即便只是形式上的统治权，他也因此被称为“大帝”。安提柯三世在第四次叙利亚战争（前221—前217年）中与埃及的战争并没有那么成功。“笃爱父亲的人”托勒密四世（Ptolemaios IV. Philopator）在拉菲

① 即前文所述的“永诺者”安提柯。——译者注

亚（Raphia，加沙以南）取得了胜利——然而是在埃及当地军队的帮助之下，从此埃及人在托勒密王国的地位有所提高。

在西西里，叙拉古的希隆二世（Hieron II.）在皮洛士撤退不久便建立起新的僭主政治（前 275/ 前 274 年），甚至指使他人拥立自己为王（前 269 年）。这一切发生在他战胜阿加托克利斯过去在南意大利的雇佣兵马梅尔蒂尼人（Mamertiner）之后，马梅尔蒂尼人当时占领了麦萨纳。由这段冲突产生的一系列纠葛最终引发了罗马与迦太基的第一次布匿战争（前 264—前 241 年）。希隆二世及时投靠了罗马，才保全了自己依赖于寡头政治的王权。他于公元前 215 年死于第二次布匿战争期间（前 218—前 201 年）。继承希隆王位的是他的孙子希埃罗尼穆斯（Hieronymos），但他很快被人谋杀。虽然希埃罗尼穆斯尚在位时就已投靠迦太基一方，但罗马人在围困了叙拉古多时后将其占领（著名的死难者：阿基米德），并将它并入西西里行省，至此西希腊已经扮演完了自己的独立角色。马萨利亚（即马赛）及其在高卢和西班牙沿海的子城是一个例外，这多亏了马萨利亚一直与罗马保持着友好关系。

展望：希腊化诸国的衰亡

早在公元前 3 至前 2 世纪之交，罗马人便开始不断插手环地中海东部地区的事务。最终环地中海东部的所有地区都变成了罗马人的领土。而希腊化诸国的君主以及诸希腊城邦在很大程度上促成了此事。

公元前 204 年，尚为幼童的“神显者”托勒密五世（Ptolemaios V. Epiphanes）在埃及登基，安提柯王朝的腓力五世（Philipp V.）以及塞琉古王朝的安提柯三世（Antiochos III.）认为这是夺取托勒密王国海外领土的绝佳时机。安提柯三世自公元前 201 年起便占有南叙利亚（第五次叙利亚战争），腓力五世则入侵了托勒密家族在爱琴海地区拥有的城邦。帕加马的阿塔罗斯一世、罗德岛及其他城邦起兵抵御他们的扩张行径，并向对马其顿国王与迦太基人结盟一事耿耿于怀的罗马人求援。于是罗马人于公元前 200 年开始第二次马其顿战争，直到公元前 197 年在色萨利爆发的库诺斯克法莱战役（Schlacht von Kynoskephalai）中取得决定性胜利。此时的罗马人尚没有兴趣直接统治希腊地区或在这里获得领土，起先他们只满足于将腓力五世限制在马其顿。一直以来，受腓力五世统治的希腊地区纷纷宣布独立，独立宣言是在公元前 196 年举办的伊斯特摩斯竞技会（Isthmische Spiele）上由库诺斯克法莱战役的胜利者提图斯·昆克蒂乌斯·弗拉米宁（Titus Quinctius Flamininus）发表的，引起了巨大轰动。

然而直到公元前 194 年，罗马军队还留在希腊，并参加了亚该亚同盟及其他希腊国家同斯巴达的纳比斯（Nabis）的战争，目的是要迫使他交还不久前刚吞并的阿尔戈斯。纳比斯从公元前 207 至前 192 年实行独裁，他在历史文献中一直以蛮横的暴君形象示人。如今他甚至失去了拉科尼亚的庇里阿西城邦，但对斯巴达的统治权得以保留。

罗马人撤出希腊之时正是与安提柯三世争端开始之际。安提柯三世意图从腓力五世遭到削弱的契机中渔利，于是他不仅要求拥有对小亚细亚的希腊城邦的统治权，还要求获得色雷斯的克森尼索（加利波利半岛）及与之接壤的色雷斯地区，因为他的先祖塞琉古一世曾在公元前 281 年通过战胜利西马科斯而赢得这片土地。他还大肆铺张，重建了利西马其亚城。而另一方面，罗马人最终将自己为希腊人发布的自由宣言扩散到小亚细亚。当自认为受到罗马人亏待的埃托利亚人将安提柯三世争取过来并领导对罗马人的战争时（前 192 年），战斗才真正打响。安提柯三世率领一支规模很小的军队前来参战，公元前 191 年，他在温泉关附近被迫撤回小亚细亚，随后于公元前 189 年在斯皮尔山（Sipylos）附近的马格尼西亚被彻底击败。埃托利亚人没有为他提供什么有用的帮助，还在公元前 189 年与罗马人签订了一份对自己相对有利的和约。亚该亚同盟、罗德岛、帕加马，甚至马其顿都立刻转向罗马一方，其他希腊国家则置身事外。于是，安提柯三世不得不于公元前 188 年在弗里吉亚勉为其难地签下了《阿帕梅亚和约》(Frieden von Apameia)。和约规定安提柯三世有义务撤出小亚细亚大部，支付高额赔款，交出战舰，以及提供人质。罗马没有接受任何割让出的土地，而是将它们都转让给了自己的盟友，获得最大面积土地的是帕加马的欧迈尼斯二世(Eumenes II.)，他的势力范围得以急剧扩大。欧迈尼斯二世将首都扩建得富丽堂皇，并建起了一座庞大的宙斯祭坛（现藏于柏林)，用于纪念对加拉太人的胜利。

腓力五世虽然与罗马人关系不甚友好，但他也尽力避免与他们发生冲突，更愿意在北方边境巩固自己的统治。继承王位的腓力五世的儿子珀尔修斯（Perseus，前 179 年起为王）是否受到对罗马统治不满的南部民众的期待，而真正去寻求在南部扩充势力，这一点尚存在争议。但罗马人对此深信不疑，特别是这种想法还在帕加马的欧迈尼斯二世的影响下得到强化。公元前 171 年，珀尔修斯被迫卷入第三次马其顿战争。在经过最初的一系列胜利后，公元前 168 年，他在彼得那（Pydna）被彻底击败。他被罗马人俘虏，后来死在了罗马。马其顿分裂为四个共和国，并受到多种限制。

公元前 168 年是罗马东方政策的一个转折点，它不仅体现在罗马对马其顿的态度开始变得强硬。曾支持珀尔修斯的伊庇鲁斯遭到了残忍的报复，据称有七十座城池被毁，十五万人被贩卖为奴。希腊各地的亲罗马派纷纷得势，反对者及可疑人员都被流放到意大利，仅亚该亚同盟就有 1 000 人，后来的历史学家波利比乌斯（Polybios）也是其中一员。

罗马人因罗德岛胆敢主张与珀尔修斯媾和，几乎将其毁于一旦。但他们乐意给《阿帕梅亚和约》签订后归属罗德岛的吕基亚和卡里亚自由。提洛岛上又建起了一座归属雅典的自由港，这损害了罗德岛的经济。提洛岛成了奴隶贸易的中心，而奴隶贸易则由愈演愈烈的海盗活动支持。此外，海盗活动也影响了往希腊运送粮食的航线。

后来就连欧迈尼斯二世也开始受到罗马人怀疑，在之后的统治岁月中他渐渐失宠。塞琉古王朝的“神显者”安提柯四世（Antiochos IV. Epiphanes）一直以来都与罗马保持着友好关系。公元前 168 年，罗马使者带来了一则态度傲慢的最后通牒，强迫他撤出意图通过第六次叙利亚战争（前 170—前 168 年）吞并的埃及。后来他曾试图将耶路撒冷希腊化，结果引发了怀有保守宗教思想的犹太人的起义，起义的领导者是马加比家族（Makkabäer）。塞琉古王国的最后一百年陷入了（在部分程度上受到罗马煽风点火的）王位争夺战，并被阿萨息斯王朝（Arsakiden）诸王统治的帕提亚帝国夺去了东部领土，不过阿萨息斯王朝诸王对希腊文化持包容态度。

公元前 168 年因罗马插手而躲过一劫的托勒密王国同样陷入了王室成员间的争夺战，国家开始逐渐瓦解。

罗马对马其顿的控制没能维持多久。一个名叫安德里斯库斯（Andriskos）的人自称是珀尔修斯之子腓力，在公元前 149 年称王。第二年他发起的暴动就被镇压，马其顿成为行省，直接受罗马管辖。在此之后，一些亚该亚同盟的政治领袖还曾鼓起勇气反抗罗马的专制统治，然而他们却走得太远，竟然要求大大缩小亚该亚同盟的规模。在罗马支持斯巴达的同时，亚该亚人于公元前 146 年重新打响了对斯巴达的战争，这对他们来说几乎已是家常便饭。罗马迅速作出反应，进行了有力的回击。亚该亚同盟最重要的城邦科林斯被毁，大量艺术珍品被运往意大利，希腊大部被置于马其顿总督的控制之下。部分城邦继续保持独立，其中就有雅典，但面对罗马全然不受限制的强势地位，这根本不算什么。

不久，对小亚细亚西部大片地区的直接统治权也落到了罗马人手中。帕加马的阿塔罗斯三世（Attalos III.）本人对治理国家兴味索然，于是他订立遗嘱，将国家移交给罗马人（前 133 年）。但罗马人还是与另一名王位争夺者阿里斯东尼克（Aristonikos）激战多年，此人得到了王室侍从及包括奴隶在内的下层人民的支持。之后罗马人将这片地区的大部划为亚细亚省，其余地区则留给邻邦。征税权被外包给私人[被称为“包税商(publicani)”]，这一制度有利于罗马，但给外省人民带来了更为沉重的负担。

在与阿里斯东尼克作战的过程中，罗马得到了小亚细亚北部本都王国统治者米特里达梯五世（Mithradates V.）的支持。但他的继承人“出身高贵者”米特里达梯六世（Mithradates VI. Eupator）却变成了罗马在东方领地的危险敌人。米特里达梯六世急剧扩大本国疆域，将克里米亚半岛（Krim）及塔曼半岛（Taman）上的博斯普鲁斯王国并入本都王国，之后又开始觊觎邻近的卡帕多细亚王国和比提尼亚王国，从而引发了与罗马之间的冲突。在公元前 95 年及前 92 年，米特里达梯六世还是退守状态，但到了公元前 89 年他已经渗透至外省，并被许多当地的希腊人尊为解放者。公元前 88 年，希腊人心甘情愿地遵照米特里达梯六世的指示，突然杀害了所有的意大利人（据推算有八万人）。远至希腊本土都有米特里达梯六世的支持者，就连雅典也加入了他的阵营。罗马将领卢基乌斯 · 科尔内利乌斯 · 苏拉（Lucius Cornelius Sulla）在维奥蒂亚的两场战役中击败了米特里达梯六世的军队，并对雅典造成了严重的破坏（前 86 年）。苏拉与米特里达梯六世于公元前 85 年缔结的和约后来难以执行。双方最后一系列冲突（给东方的希腊人造成了新的负担）分别爆发于公元前 74 年和公元前 63 年,罗马一方最终的统帅是格涅乌斯·庞培（Gnaeus Pompeius）。庞培以胜利者之姿大范围地调整了罗马人对小亚细亚的统治，还将塞琉古王国的剩余领土改为罗马的叙利亚行省。

后来，在希腊的土地上还打响了罗马内战中的关键性战役：公元前 48 年，恺撒（Caesar）在色萨利的法萨罗（Pharsalos）战胜了庞培；公元前42年，马克·安东尼（Marcus Antonius）在当时的马其顿行省的腓立比（Philippi）击败了谋杀恺撒的布鲁图斯（Brutus）和卡西乌斯（Cassius）。公元前31年，恺撒的继承人屋大维[Octavianus，外加屋大维的将领马库斯·阿格里帕（Marcus Agrippa）]在希腊西部沙漠附近的亚克兴（Actium）战胜了安东尼和托勒密王朝的最后一位女性统治者克里奥帕特拉七世（Kleopatra VII.）。安东尼与克里奥帕特拉所缔结的婚姻按照罗马法律的规定被视为无效，而他在婚后便开始在希腊各地建立起君主统治。亚克兴海战结束后，屋大维踏上了埃及的土地，安东尼与克里奥帕特拉则双双结束了自己的生命。埃及这片富饶的土地原本就在很大程度上隶属于罗马，现在则彻底被并入罗马。

由此，希腊及希腊化诸国的历史结束了。然而希腊文明仍继续存在，就连城邦制也体现了自己的生命力，在不断繁荣发展的小亚细亚继续生根发芽。若要讲述它们的故事，通常需要开启罗马帝王时代历史的篇章。

摘自第二版后记

笔者想借这个机会对这部书的构想做一些补充。可能对有些读者来说，本书主要关注政治史，对文化现象仅稍作提及，有些过于狭隘，甚至在风格上可能看上去略显陈旧。但要加入其他内容就需要耗费更多篇幅，这在现有的框架下无法实现。根据笔者多年的经验，本书的使用者主要是缺乏相关背景知识，但又需要在古希腊历史方面得到粗略、准确且可靠指导的大学生。因此笔者不仅（按照通行做法）将个人观点诉诸纸面，还尽可能展示学界无法达成一致的问题，以及一些常见的会造成混淆的分歧。信誓旦旦的错误观点则尽可能避免。当然，除了历史学、古典考古学以及古典语文学的学生，那些出于种种不同的缘由对古希腊史有兴趣的人也是本书的目标读者。考虑到大范围的读者群体，拓展文献中仅列出德语著作。愿意在这一领域继续深入的读者能够借助这份书单迅速找到外语研究文献。

另外，所有专家都清楚，并且读者也会发现，有一个没能彻底解决的问题便是希腊语名称及概念该如何复述，因为许多名称早已被拉丁化或日耳曼化。通常笔者会在叙述人名及地名时选择希腊语形式，而对于地理名称和民族名，以及一些著名人物，则会选择德语化的形式[举例说来便是“埃斯库罗斯”(Aischylos)、“喀罗尼亚”(Chaironeia) 及“维奥蒂亚”(Böotien)、“拉刻代蒙人”(Lakedämonier)、“亚历山大”(Alexander) 在文中并存]。

1996 年 11 月于耶拿

D. L.

第七版后记

感谢出版社的友好协助，使得本书能够在第一版问世十二年后得到多次修订及扩充。笔者要特别感谢斯特凡·冯·德尔·拉尔博士（Dr. Stefan von der Lahr），他热心陪伴这部小书走过了每一个发展阶段，并给予了热心的支持，同时笔者还要对拉尔博士的左膀右臂安德里亚·摩根女士（Andrea Morgan）表示衷心的感谢。

2007 年 1 月于耶拿

D. L.

年　表

年份	历史事件
约前2000—前1400年	克里特岛的米诺斯文明（王宫时期）繁盛期
约前1700—前1200年	希腊大陆的迈锡尼文明
约前1250—前1050年	大范围的迁徙运动（大迁徙，迈锡尼各统治中心被毁，以多利安人大迁徙告终）
约前1100—前800年	黑暗时代
约前1050—前900年	爱奥尼亚人大迁徙

古风时代

年份	历史事件
前776年	开始编纂奥林匹克运动会冠军名录
约前770—前540年	大殖民运动：希腊人蔓延至环地中海西部、爱琴海北部及黑海沿岸
约前750—前650年	《荷马史诗》成文

续表

约前720—前600年	斯巴达经过两次战争征服麦西尼亚
约前650年	科林斯地峡附近城邦（科林斯、西锡安和墨伽拉）产生第一批僭主
约前621年	雅典颁布德拉古法典
前594/前593年	梭伦立法
前561/前560年	庇西特拉图首次夺权
前546—前528年	庇西特拉图最终成为僭主，后来是他的儿子们（直至公元前510年）
约前545年	爱奥尼亚开始被波斯统治
前510年	雅典在斯巴达的协助下推翻僭政
前508—前501年	克里斯提尼改革为后来的民主制打下基础

古典时代

年份	历史事件
前500—前494年	爱奥尼亚起义
前491—前478年	格隆先后成为杰拉和叙拉古僭主
前490年	雅典人在马拉松战胜登陆希腊的波斯军队
前481年	为抵御薛西斯统治下的波斯大举入侵而成立希腊同盟
前480年	守军于温泉关及阿尔特米西昂海角战败，雅典撤军，萨拉米斯岛附近海军取胜；格隆在西西里的希梅拉击败迦太基人
前479年	希腊同盟在普拉提亚（陆军）及米卡勒半岛（海军）取胜
前477年	第一次阿提卡海上同盟成立
前478—前466年	希隆一世成为叙拉古僭主

续表

约前466年	雅典人在欧里梅敦河战胜波斯陆海两军
约前464年	斯巴达地震，之后爆发黑劳士起义（第三次麦西尼亚战争）
前462/前461年	雅典厄菲阿尔特改革，过渡到所谓的激进民主主义
前460—前446年	第一次伯罗奔尼撒战争
前460—前454年	雅典人远征埃及，最终损失惨重
前450年	雅典舰队在塞浦路斯的萨拉米斯岛取胜，之后战事中断
前446年	雅典与斯巴达携各自盟友签订为期三十年的停战协议
前441—前439年	萨摩斯岛战役
前431—前404年	伯罗奔尼撒战争
前431—前421年	阿希达穆斯战争
前415—前413年	雅典人远征西西里
前413—前404年	德凯利亚战争及爱奥尼亚战争
前412年	波斯参战
前404—前403年	投降后建立雅典三十僭主统治，最终重建民主制
前405—前367年	狄奥尼西奥斯一世成为叙拉古僭主
前400—前394年	斯巴达支持爱奥尼亚各城邦反抗波斯
前395—前386年	科林斯战争
前386年	《安塔西达和约》（或称《大王和约》）签订
前377年	第二次阿提卡海上同盟成立
前371年	忒拜在留克特拉战胜斯巴达
前371—前362年	忒拜霸权建立

续表

前369年	麦西尼亚脱离斯巴达，建立独立国家
前362年	曼提涅亚战役，忒拜霸权终结
前360—前336年	马其顿的腓力二世在位
前357—前355年	第二次阿提卡海上同盟在同盟者战争中瓦解
前346年	雅典与腓力二世签订《菲洛克拉底和约》
前340年	希腊诸国成立新同盟以对抗腓力二世
前338年	腓力二世在喀罗尼亚战胜同盟军
前338/前337年	科林斯同盟成立，在腓力二世的领导下一致决定发动对波斯的战争
前336年	腓力二世被谋杀，亚历山大三世（即亚历山大大帝）继位

希腊化时代

年份	历史事件
前334—前330年	亚历山大三世对大流士三世的征服之役
前333年	伊苏斯大捷
前331年	高加米拉大捷
前330—前327年	占领东北部总督辖区
前327—前325年	远征印度
前323年	亚历山大三世死于巴比伦
前323—前281年	继业者战争
前323—前322年	拉米亚战争：雅典海上霸权终结，民主制亦暂时告终
前317—前289年	阿加托克利斯成为叙拉古僭主（公元前304年起称王）

续表

前306年	独眼的安提柯及其子德米特里获得国王头衔
前301年	独眼的安提柯在伊普索斯战役中阵亡
前281年	塞琉古一世被谋杀，利西马科斯阵亡
前267—前262年	克瑞谟尼德斯战争
前235—前222年	克里昂米尼三世成为斯巴达国王：试图在国内实现改革，并发动对亚该亚同盟的战争
前215—前205年	马其顿的腓力五世与汉尼拔结盟对抗罗马：第一次马其顿战争
前212年	罗马与埃托利亚签订同盟条约
前200—前197年	第二次马其顿战争
前196年	罗马为希腊人发布自由宣言
前192—前188年	安提柯三世与罗马之间的战争，《阿帕梅亚和约》签订
前171—前168年	第三次马其顿战争，瓜分马其顿
前148年	安德里斯库斯暴动后马其顿成为罗马行省
前146年	罗马人与亚该亚同盟作战，科林斯遭毁灭，希腊被置于马其顿总督控制之下
前133年	帕加马的阿塔罗斯三世将国家赠予罗马人：亚细亚行省
前63年	塞琉古王国被庞培占领：叙利亚行省
前30年	屋大维使埃及并入罗马帝国，克里奥帕特拉七世自尽

拓展文献

选取这些文献是基于如下立场，即感兴趣的读者不仅能够获取自己所需的对本书所给出的大概框架的补充性内容，还能得到尽可能丰富的对相关文献资源的说明。

Austin, Michel und Vidal-Naquet, Pierre, *Gesellschaft und Wirtschaft im alten Griechenland,* München 1984

Baltrusch, Ernst, *Sparta. Geschichte, Gesellschaft, Kultur,* 3. Aufl., München 2007 (C. H. Beck Wissen)

Bengtson, Hermann, *Griechische Geschichte von den Anfängen bis in die römische Kaiserzeit,* 9. Aufl., München 2002 (Handbuch der Altertumswissenschaft III 4)

Berve, Helmut, *Die Tyrannis bei den Griechen,* 2 Bde. München 1967

Bleckmann, Bruno, *Der Peloponnesische Krieg,* München 2007 (C. H. Beck Wissen)

Bleicken, Jochen, *Die athenische Demokratie,* 2., völlig überarbeitete und wesentlich erweiterte Aufl., Paderborn 1994 (auch als UTB-Taschenbuch)

Clauss, Manfred, *Einführung in die Alte Geschichte,* München 1993

Clauss, Manfred, *Sparta. Eine Einführung in seine Geschichte und Zivilisation,* München 1983

Dahlheim, Werner, *Die griechisch-römische Antike, Bd. 1, Herrschaft und Freiheit: Die Geschichte der griechischen Stadtstaaten,* 2. Aufl., Paderborn 1994 (UTB)

Dahlheim, Werner, *Die Antike. Griechenland und Rom von den Anfängen bis zur Expansion des Islam,* Paderborn 1994 (im Teil Griechenland weitestgehend identisch mit dem vorigen)

Davies, John K., *Das klassische Griechenland und die Demokratie,*5. Aufl., München 1996 (dtv-Geschichte der Antike)

Dreher, Martin, *Athen und Sparta,* München 2001

Ehrenberg, Victor, *Der Staat der Griechen,* Zürich, Stuttgart 1965

Errington, Malcolm, *Geschichte Makedoniens. Von den Anfängen bis zum Untergang des Königreiches,* München 1986

Finley, M. I., *Das antike Sizilien. Von der Vorgeschichte bis zur arabischen Eroberung,* München 1979 (auch als dtv-Taschenbuch 1993)

Funke, Peter, *Athen in klassischer Zeit,* 2. Aufl., München 2003 (C. H. BeckWissen)

Gehrke, Hans-Joachim, *Jenseits von Athen und Sparta. Das Dritte Griechenland und seine Staatenwelt,* München 1986

Gehrke, Hans-Joachim, *Geschichte des Hellenismus,* 2. Aufl., München 1995 (Oldenbourg Grundriß der Geschichte Bd. 1 A)

Gehrke, Hans-Joachim, *Alexander der Große,* 4. Aufl. München 2005 (C. H. Beck Wissen)

Gschnitzer, Fritz, *Griechische Sozialgeschichte von der mykenischen bis zum Ausgang der klassischen Zeit,* Wiesbaden

1981

Habicht, Christian, *Athen. Die Geschichte der Stadt in hellenistischer Zeit,* München 1995

Hansen, Mogens Herman, *Die Athenische Demokratie im Zeitalter des Demosthenes. Struktur, Prinzipien und Selbstverständnis,* Berlin1995

Hiller, Stefan und Panagl, Oswald, *Die frühgriechischen Texte aus mykenischer Zeit,* 2. Aufl., Darmstadt 1986

Kloft, Hans, *Die Wirtschaft der griechisch-römischen Welt. Eine Einführung,* Darmstadt 1992

Lauffer, Siegfried, *Alexander der Große,* 3. Aufl., München 1993

Link, Stefan, *Der Kosmos Sparta: Recht und Sitte in klassischer Zeit,* Darmstadt 1994

Meier, Christian, *Athen. Ein Neubeginn der Weltgeschichte,* Berlin 1993

Murray, Oswyn, *Das frühe Griechenland,* 5. Aufl., München 1995 (dtv-Geschichte der Antike)

Pabst, Angela, *Die athenische Demokratie,* München 2003 (C. H. BeckWissen)

Rostovtzeff, Michael, *Gesellschafts-und Wirtschafts-*

geschichte der hellenistischen Welt, 3 Bde. Stuttgart 1955 / 56, Nachdruck 1984

Schuller, Wolfgang, *Einführung in die Geschichte des Altertums,* Stuttgart 1994 (UTB)

Schuller, Wolfgang, *Griechische Geschichte*, 5. Aufl., München 2002 (Oldenbourg Grundriß der Geschichte Bd. 1)

Schuller, Wolfgang, *Die Herrschaft der Athener im Ersten Attischen Seebund*, Berlin 1974

Schuller, Wolfgang, *Frauen in der griechischen und römischen Geschichte*, Konstanz 1995

Walbank, Frank W., *Die hellenistische Welt*, 4. Aufl., München 1994 (dtv-Geschichte der Antike)

Weiler, Ingomar, *Griechische Geschichte. Einführung, Quellenkunde, Bibliographie*, 2. Aufl., Darmstadt 1988

Welwei, Karl-Wilhelm, *Die griechische Frühzeit*, München 2002 (C. H. Beck Wissen)

Welwei, Karl-Wilhelm, *Die griechische Polis. Verfassung und Gesellschaft in archaischer und klassischer Zeit*, 2., durchgesehene und erweiterte Auflage, Stuttgart 1998

Welwei, Karl-Wilhelm, *Athen. Vom neolithischen Siedlungsplatz zur archaischen Großpolis*, Darmstadt 1992

Welwei, Karl-Wilhelm, *Das klassische Athen. Demokratie und Machtpolitik im 5. und 4. Jahrhundert*, Darmstadt 1999

Welwei, Karl-Wilhelm, Sparta. Aufstieg und Niedergang einer antiken Großmacht, Stuttgart 2004

Will, Wolfgang, *Alexander der Große*, Stuttgart 1986 (Geschichte Makedoniens Bd. 2, Urban-Taschenbücher)

Wirth, Gerhard, *Philipp II., Stuttgart 1985* (Geschichte Makedoniens Bd.1, Urban-Taschenbücher)

德中译名对照表

德文原文	中文译文
Ada	阿妲
Agariste	阿伽里斯特
Agathokles	阿加托克利斯
Agesilaos	阿格西莱
Agis IV.	亚基斯四世
Agrippa, M. Vipsanius	马库斯·维普撒尼乌斯·阿格里帕
Aischines	埃斯基涅斯
Aischylos	埃斯库罗斯
Alexander I. von Makedonien	马其顿的亚历山大一世
Alexander III.（der Große）	亚历山大三世（亚历山大大帝）
Alexander IV.	亚历山大四世
Alexander I. der Molosser（Epirus）	（伊庇鲁斯的）摩罗西亚的亚历山大一世
Alkaios	阿尔卡埃乌斯
Alkibiades	亚西比德
Alyattes	阿吕亚泰斯

续表

Amasis	阿玛西斯
Anakreon	阿那克里翁
Anaxilaos	阿那克西劳斯
Andriskos	安德里斯库斯
Antalkidas	安塔西达
Antigonos Doson	“永诺者”安提柯
Antigonos Gonatas	安提柯·贡那塔斯
Antigonos Monophthalmos	独眼的安提柯
Antiochos III.	安提柯三世
Antiochos IV.	安提柯四世
Antiochos Hierax	安提柯·伊厄拉斯
Antipatros	安提帕特
Antonius, M.	马克·安东尼
Aratos	阿拉图斯
Archelaos	阿奇拉
Archidamos I.	阿希达穆斯一世
Archidamos III.	阿希达穆斯三世
Archimedes	阿基米德
Areus	阿莱乌斯
Aristagoras	阿里斯塔格拉斯
Aristeides	阿里斯提德
Aristodemos	阿里斯托德莫斯
Aristogeiton	阿里斯托革顿
Aristonikos	阿里斯东尼克
Aristophanes	阿里斯托芬
Aristoteles	亚里士多德
Arrhidaios	阿里达乌斯
Artaphernes	阿尔塔费尼斯
Artaxerxes I.	阿尔塔薛西斯一世
Artaxerxes II.	阿尔塔薛西斯二世
Artaxerxes III.	阿尔塔薛西斯三世
Attalos I.	阿塔罗斯一世
Attalos III.	阿塔罗斯三世

续表

Bakchylides	巴库利德斯
Bessos	贝苏斯
Brasidas	布拉西达斯
Brutus, M. Iunius	布鲁图斯
Caesar, C. Iulius	恺撒
Cassius, C.	卡西乌斯
Chadwick, John	约翰·查德威克
Charmides	查米德斯
Charondas	卡龙达斯
Chremonides	克瑞谟尼德斯
Damarete	达玛瑞特
Dareios I.	大流士一世
Dareios II.	大流士二世
Dareios III.	大流士三世
Datis	大提士
Deinomenes	戴诺墨涅斯
Demetrios von Phaleron	法勒鲁姆的德米特里
Demetrios Poliorketes	德米特里·波里奥西特
Demokedes	迪莫塞迪斯
Demokrit	德谟克利特
Demosthenes （Stratege）	德摩斯梯尼（将军）
Demosthenes （Redner）	德摩斯梯尼（演说家）
Diodor	狄奥多罗斯
Diodotos	狄奥多特
Dion	狄翁
Dionysios I.	狄奥尼西奥斯一世
Dionysios II.	狄奥尼西奥斯二世
Drakon	德拉古
Duketios	杜凯提乌斯
Epameinondas	伊巴密浓达
Ephialtes	厄菲阿尔特
Epilykos	埃庇吕科斯
Eubulos	欧布洛斯

续表

Eumenes von Kardia	卡迪亚的欧迈尼斯
Eumenes I. von Pergamon	帕加马的欧迈尼斯一世
Eumenes II.	欧迈尼斯二世
Eupalinos	尤帕利努斯
Euripides	欧里庇德斯
Eurybiades	欧里比亚德斯
Evans, Arthur	阿瑟·埃文斯
Flamininus, T. Quinctius	提图斯·昆克蒂乌斯·弗拉米宁
Gelon	格隆
Gorgias	高尔吉亚
Gylippos	古利普斯
Hamilkar	哈米尔卡
Harmodios	哈尔摩狄奥斯
Harpalos	哈帕拉斯
Hegesistratos	赫格西斯特拉托斯
Hephaistion	赫费斯提翁
Herodot	希罗多德
Hesiod	赫西俄德
Hieron I.	希隆一世
Hieron II.	希隆二世
Hieronymos	希埃罗尼穆斯
Hipparchos, Sohn des Charmos	希帕克斯，卡莫斯之子
Hipparchos, Sohn des Peisistratos	希帕克斯，庇西特拉图之子
Hippias, Sohn des Peisistratos	希庇亚斯，庇西特拉图之子
Hippias von Elis	厄利斯的希庇亚斯
Hippokrates von Gela	杰拉的希波克拉底
Homer	荷马
Iason von Pherai	费莱的伊阿宋
Ibykos	伊比库斯
Inaros	伊纳罗斯

续表

Isagoras	伊萨哥拉斯
Isaios	伊塞优斯
Isokrates	伊索克拉底
Kallias	卡里阿斯
Kallikratidas	卡利克拉提达斯
Kambyses	冈比西斯
Kassandros	卡山德
Kimon	客蒙
Kleandros	克莱安德罗斯
Kleinias	克莱尼阿斯
Kleisthenes von Athen	雅典的克里斯提尼
Kleisthenes von Sikyon	西锡安的克里斯提尼
Kleombrotos	克莱昂伯罗图斯
Kleomenes I.	克里昂米尼一世
Kleomenes III.	克里昂米尼三世
Kleon	克里昂
Kleopatra VII.	克里奥帕特拉七世
Kleophon	克里奥丰
Konon	科农
Krateros	克拉特鲁斯
Kritias	克里提亚斯
Kroisos	克罗伊斯
Kylon	库伦
Kypselos	库普塞鲁斯
Kyros II., der Ältere	老居鲁士二世
Kyros der Jüngere	小居鲁士二世
Leonidas	列奥尼达
Leotychidas	列奥提西达斯
Libys	利比斯
Lygdamis	吕戈达米斯
Lykurgos（Athen 6. Jh.）	吕库古（前6世纪雅典）
Lykurgos（Athen 4. Jh.）	吕库古（前4世纪雅典）
Lykurgos（Sparta）	吕库古（斯巴达）

续表

Lysander	吕山德
Lysias	吕西亚斯
Lysimachos	利西马科斯
Mardonios	马铎尼斯
Maussolos	摩索拉斯
Megakles（7. Jh.）	麦加克勒斯（前7世纪）
Megakles（6. Jh.）	麦加克勒斯（前6世纪）
Megakles（5. Jh.）	麦加克勒斯（前5世纪）
Melanchros	美兰克鲁斯
Memnon von Rhodos	罗德岛的蒙农
Miltiades	米太亚得
Minos	米诺斯
Mithradates V.	米特里达梯五世
Mithradates VI.	米特里达梯六世
Myrsilos	米尔西洛斯
Nabis	那比斯
Nearchos	尼阿库斯
Nikias	尼基阿斯
Octavianus（Augustus）	屋大维（奥古斯都）
Olympias	奥林匹娅斯
Orthagoras	奥萨戈拉
Panaitios von Leontinoi	伦蒂尼的巴内修斯
Pausanias（Regent）	帕萨尼亚斯（摄政）
Pausanias（König）	帕萨尼亚斯（国王）
Peisistratos	庇西特拉图
Periander	佩里安德
Perdikkas II.	佩尔狄卡斯二世
Perdikkas III.	佩尔狄卡斯三世
Perdikkas（Chiliarch）	佩尔狄卡斯（千夫长）
Perikles	伯里克利
Perseus	珀尔修斯
Phalaris	法拉里斯
Pharnabazos	法尔纳巴佐斯

续表

Pheidon von Argos	阿尔戈斯的菲敦
Philetairos	菲莱泰罗斯
Philipp II.	腓力二世
Philipp III.	腓力三世，参见阿里达乌斯
Philipp V.	腓力五世
Philokrates	菲洛克拉底
Philopoimen	菲洛皮门
Pindar	品达
Pittakos	庇塔库斯
Platon	柏拉图
Pleistoanax	普雷斯托阿纳克斯
Plutarch	普鲁塔克
Polybios	波利比乌斯
Polykrates	波利克拉特斯
Polyperchon	波利伯孔
Polyzalos	波吕扎洛斯
Pompeius, Cn.	格涅乌斯·庞培
Poros	波罗斯
Prodikos	普罗狄柯
Protagoras	普罗泰戈拉
Psammetichos	普萨美提克
Ptolemaios I.	托勒密一世
Ptolemaios II.	托勒密二世
Ptolemaios III.	托勒密三世
Ptolemaios IV.	托勒密四世
Ptolemaios V.	托勒密五世
Ptolemaios Keraunos	托勒密·克劳诺斯
Pyrrhos	皮洛士
Pythagoras	毕达哥拉斯
Roxane	罗克珊娜
Sandrokottos	参见旃陀罗笈多
Sappho	萨福
Seleukos I.	塞琉古一世

续表

Seleukos II.	塞琉古二世
Simonides	西蒙尼德斯
Sokrates	苏格拉底
Solon	梭伦
Sophokles	索福克勒斯
Sulla, L. Cornelius	卢基乌斯·科尔内利乌斯·苏拉
Telys	特里斯
Terillos	泰利洛斯
Theagenes	塞阿戈奈斯
Themistokles	地米斯托克利
Theramenes	特拉门尼
Theron von Akragas	阿克拉加斯的塞隆
Thrasybulos von Milet	米利都的色拉西布洛斯
Thrasybulos von Steiria（Athen）	斯泰里阿的色拉西布洛斯（雅典）
Thrasybulos von Syrakus	叙拉古的色拉西布洛斯
Thukydides	修昔底德
Timoleon	泰摩利昂
Tissaphernes	提萨斐尼
Tschandragupta	旃陀罗笈多
Tyrtaios	提尔泰奥斯
Ventris, Michael	麦克尔·文屈斯
Xanthippos	科桑西普斯
Xenophon	色诺芬
Xerxes	薛西斯
Zaleukos	扎莱乌库斯

图书在版编目（CIP）数据

希腊史：从开端至希腊化时代 / [德] 德特勒夫 · 洛策著；曾悦译．—上海：上海三联书店，2020.7
（贝克知识丛书）
ISBN 978-7-5426-6755-7
Ⅰ．①希… Ⅱ．①德… ②曾… Ⅲ．①古希腊 – 历史
Ⅳ．① K125

中国版本图书馆 CIP 数据核字（2019）第 301086 号

希腊史：从开端至希腊化时代

著　　者 / [德] 德特勒夫 · 洛策
译　　者 / 曾　悦
责任编辑 / 程　力
特约编辑 / 朱海华
装帧设计 / 鹏飞艺术
监　　制 / 姚　军
出版发行 / 上海三联书店
（200030）中国上海市漕溪北路 331 号 A 座 6 楼
印　　刷 / 北京天恒嘉业印刷有限公司
版　　次 / 2020 年 7 月第 1 版
印　　次 / 2020 年 7 月第 1 次印刷
开　　本 / 787 × 1092　1/32
字　　数 / 77 千字
印　　张 / 6

ISBN 978-7-5426-6755-7/K · 563

定　价：32.80元